Sieglinde Mörtel

DUNKLE GESCHICHTEN AUS

Thüringen

Bildnachweis
Christian Sparsbrod: S. 5, 7; Anja Jungfer: S. 16; Picture alliance/United Archives: S. 13; Jana Holec (Gera): S. 21; Andreas Gliesing: S. 31; wikicommons, Bundesarchiv_Bild_146-1978-013-27: S. 29; Christian Högner: S. 39, 40, 43; Grenzlandmuseum Eichsfeld, Dieter Nikolaus: S. 47; ullstein bild–Anke Thomass: S. 55; Hans Jürgen Gebauer: S. 56; Thomas Brand: S. 59; Ingo Glase: S. 61; Sieglinde Mörtel: S. 64; Adobe Stock creativenature.nl: S. 70; ullstein bild–Seyboldt: S. 74

Herzlichen Dank für die Kooperation und Unterstützung an Christian Sparsbrod, Dr. Gitta Heil, Andreas Gliesing, Dr. Eike Guenther, Christian Högner, Volker Schmidt, Familie Brand, Ingo Glase, Anne Gallinat, Verena Zeltner, Marion und Hans-Jürgen Gebauer, Anja Jungfer, Hannelore Jungfer, Rosi Höfer, Almut Arndt, Hannes Mörtel und an das Landesarchiv Thüringen Rudolstadt sowie das Grenzlandmuseum Eichsfeld.

1. Auflage 2020

Umschlaggestaltung: r2 | Ravenstein, Verden
Layout und Satz: Schneider Professionell Design, Schlüchtern-Elm
Druck: Druckerei Zimmermann Druck + Verlag GmbH, Balve
Buchbinderische Verarbeitung: Buchbinderei S. R. Büge, Celle

34281 Gudensberg-Gleichen, Im Wiesental 1
Tel. 0 56 03 - 9 30 50 www.wartberg-verlag.de
ISBN 978-3-8313-3268-7

Inhalt

Die unbekannte Tote vom Dachboden

„Nichts wie weg“, hämmert es in ihrem Kopf. Die Verzweiflung steht ihr ins Gesicht geschrieben. „Ich muss verschwinden! Wie vom Erdboden verschluckt sein. Mich in Luft auflösen. Sie dürfen mich nicht finden!“ Dabei wandert ihr Blick hin zu den beiden Türmen. Niemand nimmt Notiz von ihr, als sie durch die Tür huscht und in der Kirche verschwindet. Während sie die steile Treppe erklimmt, ahnt sie nicht, dass sie die 132 Stufen nie wieder hinabsteigen wird. So oder ähnlich könnte es sich zugetragen haben. Sicher ist, dass es diese Frau gegeben hat. Mitte 30 ist sie gewesen und hatte langes Haar.

Es war am 22. Oktober 2008. Hoch über der Stadt sind Bauarbeiten im Gange. Das Dach der Saalfelder Johanneskirche soll neu gedeckt werden. Über dem gotischen Tonnengewölbe hatte sich im Laufe der Jahrhunderte allerhand Schutt angesammelt, der überwiegend aus früheren Umbau- und Sanierungsphasen stammte. Er war in den weit nach unten gehenden Vierungen zwischen den Gewölbekappen abgelagert worden und hatte sich im Laufe der Zeit so weit zersetzt, dass er an trockene Erde erinnerte. Weil man heutzutage Technik zur Hand hat, die unseren Vorfahren nicht zur Verfügung stand, beschloss die Kirchengemeinde, bei dieser Gelegenheit den Dachboden beräumen zu lassen. Dabei machten die Handwerker eine schaurige Entdeckung: Menschliche Knochen, die rund 70 cm hoch mit eben diesen Ablagerungen überdeckt waren.

Mit Pinseln, Spachteln und größter Vorsicht legten Kriminalisten und Gerichtsmediziner den Fund frei. Zutage kam ein komplettes menschliches Skelett, an dem mumifizierte Hautteile und Haare vorhanden waren. Erkennbar war, dass es sich um eine Frau handeln musste. Ihr Haar war geflochten, die Zöpfe zu

Während der Bauarbeiten an der Saalfelder Johanneskirche 2008 fand man auf dem Dachboden die teilweise mumifizierten Überreste einer unbekannten Toten.

einer weiblichen Frisur drapiert und mit Bändern geschmückt. Textilreste ließen darauf schließen, dass sie ein Gewand trug, das von einer Öse zusammengehalten wurde, die ebenfalls geborgen wurde. Der grobe Stoff legt die Vermutung nahe, dass die Frau aus bescheidenen Verhältnissen stammte.
Wie der Fundort, so gab die Lage der Toten Rätsel auf. Ihr Kopf ruhte auf einem Kissen mit dem Gesicht nach unten. Der Körper war nicht ausgestreckt, er befand sich in einer Stellung, die aus Sicht eines Lebenden unbequem erscheint. Weitergehende Untersuchungen im Jenaer Institut für Rechtsmedizin ergaben, dass die Frau ca. 36 Jahre alt und 1,60 m groß war. Nichts deutete darauf hin, dass sie durch äußere Gewalt, einen Sturz oder durch Gift gestorben war. Der Todeszeitpunkt ließ sich nicht genau feststellen. Man ging davon aus, dass die Frau etwa 70 bis 100 Jahre zuvor verstorben war.
Aufgabe von Polizei und Justiz war es festzustellen, ob ein juristisch relavanter Fall vorlag und eine strafrechtliche Verfolgung angezeigt war. Dies wurde nach mehrmonatigen Untersuchungen ausgeschlossen und die sterblichen Überreste zur Bestattung freigegeben. Weil es sich nicht um ein reines Skelett handelte, sondern mumifizierte Reste vorhanden waren, musste für die Überführung ein Bestattungsinstitut beauftragt werden. Die Johanneskirchgemeinde beschloss, die Gebeine in eine Kupferkiste einzulagern und unterm Fußboden der Kirche zu bestatten.
Den Fund und die Berichte über die Ermittlungen verfolgten die Saalfelder mit regem Interesse. Vermutungen, Spekulationen und Gerüchte machten die Runde. Bald hatte die geheimnisvolle Tote einen Namen: die Saalfelder Esmeralda. Jemand wollte wissen, dass sie eine polnische Zwangsarbeiterin gewesen sei, die sich auf dem Kirchenboden versteckt habe und verhungert wäre. Andere vermuteten eine Jüdin, die sich vor der Deportati-

Das Westportal der Johanneskirche in Saalfeld.

on zu retten versuchte. Einer weiteren Vermutung nach könnte die Frau dort oben bestattet worden sein, um ihr ein Armengrab zu ersparen. Trotz umfangreicher Recherchen ergaben sich keine verwertbaren Erkenntnisse. Auch die Vermisstendatei lieferte keine Anhaltspunkte, sie reicht allerdings nur bis 1948 zurück.

Erwogen wurde zwischenzeitlich ein Zusammenhang zwischen der Toten und den Türmerfamilien. Der letzte Türmer war ein Kriegsversehrter, der ein Bein verloren hatte. Er trat in den 20er-Jahren seinen Dienst an und lebte mit seiner Familie bis 1933 in der Wohnung hoch über der Stadt. Eine Verbindung zu dieser Familie wurde per DNA-Analyse ausgeschlossen.
Obgleich die Identität der Toten ungeklärt blieb, beschäftigt ihr geheimnisvolles Schicksal die Menschen. Den Thüringer Autor Reinhard Pfeiffer inspirierte der Fall zu seinem Roman „Das Grab der Türmerin", in dem es um eine heimliche Liebe im 19. Jahrhundert geht.
Christian Sparsbrod, Gemeindepfarrer in Saalfeld, widmete der Unbekannten ein Gedicht mit dem Titel „Du Frau in der Mitte des Lebens". Darin heißt es: „Bliebst selber Du hier oder ließ Dich wer dort? Warst zum Sterben Du wirklich bereit? (...) War's Einsamkeit, Streit oder Mord?"
Gewiss sei hier seine Fantasie eingeflossen, räumt er ein. Niemand weiß, wie es gewesen ist, doch man mache sich seine Gedanken. Er habe sich oft gefragt: Was passiert, wenn jemand einen Menschen versteckt und dieser stirbt?
Wichtigstes Anliegen sei es aber gewesen, die Frau zu bestatten. „Sie war ein Mensch, der da oben seine Ruhestätte hatte, während wir hier unten Gottesdienste gefeiert haben. Über Jahrzehnte oder Jahrhunderte." Mit einer Trauerandacht wurde die Unbekannte zur letzten Ruhe gebettet. Die ihr gewidmeten und vertonten Verse wurden zur Trauerandacht gesungen. Oben unterm Dach ist der Fundort markiert. Im Fußboden der Halle wurde eine Grabplatte eingelassen. Die Tafel, gestiftet von der Stadt Saalfeld, trägt die Aufschrift „Unbekannte Tote vom Dachboden MMVIII".

Doppelmord am Rieseneck

Wenn die Leute vom Doppelmord am Rieseneck sprachen, endeten sie meist mit der Bemerkung, Genaueres habe man nie erfahren. Den alten Mann hätten sie seines Besitzes wegen getötet, den Jungen mit einer Axt erschlagen und im Wald vergraben, weil er von dem Mord wusste und gedroht habe, dies zu verraten. Herausgekommen sei es durch die kleine Schwester, die irgendwas mitbekommen habe und befürchtete, dass sie die Nächste sei. Die Mörder – ein Mann und dessen Mutter – seien irgendwelche Umsiedler gewesen; die beiden Kinder hätten sie auf der Flucht aufgesammelt.

Vor mir liegen drei abgegriffene Schnellhefter, Polizeiakten, angelegt zwischen Dezember 1948 und Juni 1949. Ich bin unsicher. Will ich es wirklich wissen? Oder sollte ich die Toten ruhen lassen? Ich betrachte die Aktensammlung und spüre den Schauer, der mich als Kind erfasste, wenn ich von der Geschichte hörte. Vom Monster Kunze und dessen grausamer Mutter, von dem wehrlosen kleinen Jungen und dem alten Opa, von dem kleinen Mädchen und seiner Todesangst. Ich sehe sie wieder vor mir, so, wie ich sie mir damals vorstellte, die Täter und die Opfer.

Wie oft habe ich mich gefragt, wer sie waren und warum es dazu kam. Niemand konnte es mir sagen. Jetzt liegen die Antworten vor mir. Zögerlich schlage ich den oberen Hefter auf und lese ihre Namen. Marie Liebig, Werner Kunze, Wilhelm Braune, Peter Schnell, Erika Meier (Namen geändert).

Marie, 1901 geboren und aufgewachsen in der Nähe von Saalfeld, absolviert in Pößneck eine Ausbildung zur Krankenschwester. Mit 23 kehrt sie in ihr Dorf zurück und heiratet; im Januar 1925 wird ihr Sohn Werner geboren. Zwei Jahre später begeht ihr Mann Selbstmord, nachdem ans Licht gekommen ist, dass

er Geld unterschlagen hat. 1929 siedelt Marie um nach Ostpreußen. In einer Kleinstadt im Masurengebiet geht Werner zur Schule, Marie arbeitet als Gemeindeschwester. Mit 34 Jahren heiratet sie einen Schmiedemeister. Auch diese Ehe ist problematisch, ihr Mann ist dem Alkohol und anderen Frauen zugetan. Ihr zweiter Sohn Horst wird geboren. Offiziell ein eheliches Kind, habe er niemals erfahren sollen, dass sein leiblicher Vater ein anderer ist. Über diese Zeit wird Marie später sagen, sie sei die beste ihres Lebens gewesen.
Innerhalb von 15 Jahren nimmt Marie 13 Pflegekinder auf. Die meisten sind uneheliche Kinder. Manche werden im Alter von zwei Jahren von den Angehörigen zurückgenommen, einige zieht sie selber groß.
Werner schließt die Schule 1939 ab. Da Maries Mann zur Wehrmacht eingezogen wird, bleibt Werner ein Jahr zu Hause, um der Mutter zu helfen. Im Anschluss nimmt er eine Ausbildung zum Schornsteinfeger auf. 1943 wird er zum Kriegsdienst eingezogen und an die Ostfront versetzt. Inzwischen läuft gegen ihn ein Verfahren wegen Scheckbetrugs, den er während der Lehre begangen haben soll. Seine Mutter ist entsetzt, sie befürchtet, dass er die Betrügerei von seinem Vater geerbt habe. Werner wird zu drei Monaten Strafkompanie verurteilt und danach wieder an die Front geschickt.
Marie bekommt ihr drittes Kind, Charlotte. 1944 fällt ihr Ehemann, kurz darauf Horsts leiblicher Vater, der offenbar ihre einzige große Liebe war. Ihr Sohn Werner wird verwundet, ein Explosivgeschoss hat seine beiden Hände schwer verletzt.
Im Januar 1945 hat Marie zwei Kinder in Pflege, den achtjährigen Peter und die fünfjährige Erika. Weil sich sonst niemand um sie kümmert, nimmt Marie die Kinder mit auf die Flucht aus Ostpreußen. Mit ihrem Sohn Horst, der kleinen Charlotte

und den beiden Pflegekindern trifft sie im Frühjahr 1945 in Thüringen ein. Ihre Eltern erklären sich bereit, sie und ihre leiblichen Kinder aufzunehmen, nicht aber Peter und Erika. Im ehemaligen Gutshaus in Hummelshain kommt die Familie vorerst unter.

Inzwischen ist Werners Lazarett nach Neustadt an der Orla verlegt worden. Er besorgt sich zivile Kleidung und geht zu seiner Mutter. Wenige Tage darauf, am 14. April, marschieren die Amerikaner ein.

Maries kleine Tochter erkrankt an Scharlach und in Folge an einer Lungenentzündung. Die Mutter weiß, dass sie das Kind „durchkriegen" könnte, doch es fehlt an Nahrung. Ihre Tochter stirbt.

Am 29. Juni, zwei Stunden nach dem Abzug der Amerikaner, trifft die Rote Armee ein. Die Bewohner müssen das Gutshaus verlassen. Der zehnjährige Horst verdingt sich für Kost und Logis im Dorf, während Marie, Werner und die beiden Pflegekinder am 15. Juli 1945 ins Grüne Haus am Rieseneck ziehen. Das im Wald gelegene Haus bewohnt der 67-jährige Wilhelm Braune, ein wohlhabender, aus der Berliner Gegend stammender Gutsmakler. Seine Haushälterin hat ihn gerade verlassen. Er holt die Familie zu sich, weil er nicht allein in der Abgeschiedenheit leben will, zumal er mehrfach „bestohlen" worden sei.

Kurz vor Kriegsende war am Rieseneck eine Volkssturmgruppe zusammengezogen worden und Wilhelm Braune war Volkssturmführer. Wer ihn kennt, beschreibt ihn als Egoisten, Halsabschneider und Hamsterer. Er hatte große Mengen Lebensmittel und Waffen gehortet, mit denen der Volkssturm ausgestattet worden war. Einiges davon hatte er gegen Schnaps eingetauscht. Damit seine Beute bei Hausdurchsuchungen nicht gefunden wird, vergräbt er sie im Wald.

Weil einige Verstecke aufgestöbert worden sind, beginnt er die Waren wieder auszugraben, um sie in Kisten und Koffern im Haus zu verstecken. Er beauftragt Werner, ihm dabei zu helfen. Am Abend des 31. Juli gibt er Werner einen Sack und einen Karton zur Aufbewahrung unter seinem Bett. Weil es nachts erneut zu „Diebstählen“ gekommen sei, geht Braune am Morgen des 1. August nach Kahla zur Polizei und erstattet Anzeige. Marie ist außer Haus, Werner ist mit Peter und Erika allein. Er nutzt die Gelegenheit, um nachzusehen, was unter seinem Bett lagert. Im Karton findet er 20 Flaschen Schnaps, im Sack Waffen. Plötzlich steht Braune im Raum. Er brüllt: „Also du bist der Spitzbube!“, und wirft mit einem Stuhl nach Werner. Der zieht einen Karabiner unterm Kopfende hervor und drückt ab. Der Schuss streift den Alten am Hals. Braune versucht nach dem Sack mit den Waffen zu greifen. Werner feuert zwei weitere Schüsse ab.
Peter hilft, den Toten die Treppe hinab zu schleifen. Sie laden ihn auf einen Handwagen, packen Schutt obendrauf und bringen ihn in eine Hütte im Wald. Zusammen mit den Kindern beseitigt Werner die Blutspuren, erlegt ihnen Schweigen auf und versucht Erika einzureden, die Russen hätten durchs Fenster geschossen. Nach fünf Tagen wird die Leiche gefunden. Die Polizei verhört u. a. Werner, ihm ist aber nichts nachzuweisen. Man geht davon aus, dass Russen, die oft im Wald jagen, Wilhelm Braune erschossen haben und legt den Fall zu den Akten. Peter, der ein sehr enges Verhältnis zu Werner hat, hütet das Geheimnis selbst gegenüber Marie.
1946 heiratet Werner und zieht ins Dorf. 1947 wird sein erstes Kind geboren, 1948 das zweite. Peter aber hat sich seit Werners Heirat sehr verändert. Er gehorcht nicht, will nicht arbeiten, lügt und stiehlt. Als Marie ihm mit Polizei und Gefängnis oder Anstaltserziehung droht, sagt er: „Bevor du mich ins Gefäng-

Ab Ende 1944 mussten Millionen Menschen ihre Heimat verlassen. Unter ihnen auch Marie und die vier Kinder. Viele überstanden diese Odyssee nicht oder trugen schwere physische und psychische Schäden davon.

nis bringst, bringe ich deinen Sohn ins Zuchthaus. Der hat den Braune erschossen."

Marie will nicht glauben, was der Junge behauptet. Sie stellt Werner zur Rede. Der gesteht die Wahrheit. Marie ist fassungslos. Aber beide sind sich einig, dass die Sache keinesfalls herauskommen darf.

Der Elfjährige droht immer häufiger, alles zu verraten. Werner verspricht ihm, ihn zu sich zu nehmen, ihm Essen zu geben. Er sagt, dass er künftig weniger Zeit für ihn habe, weil er bei der Polizei arbeiten werde. Darauf Peter: „Du kommst sowieso nicht zur Polizei. Ich verrate alles."

Marie gegenüber wird er zunehmend aggressiv. Zweimal mischt er Giftweizen in ihre Suppe. Eines Nachts steht er mit einem Axtholmen an ihrem Bett und will sie erschlagen. Marie fühlt sich ihres Lebens nicht mehr sicher.

Am Abend des 27. April 1948 läuft Marie ins Dorf zu Werner. „Ich kann den Jungen nicht mehr aushalten, ich gehe kaputt vor Angst", sagt sie. „Der Junge muss weg."

Am nächsten Morgen kommt Werner mit dem Fahrrad zum Grünen Haus. Marie schickt Erika zum Ziegenhüten. Werner gibt vor, mit Peter Stangen schlagen zu wollen und beauftragt ihn, die Axt zu holen. Marie geht zu Erika und den Ziegen, um sie vom Geschehen fernzuhalten. Auf dem Weg lässt sich Werner von Peter die Axt geben und schlägt von hinten zu. In dem Augenblick tritt der Junge in ein Loch und strauchelt. Werner trifft ihn nicht richtig, Peter schreit auf. Werner schlägt ein zweites Mal zu und der Junge stöhnt nur noch. Nach dem dritten Schlag ist er still.

Erika hört den Schrei und sagt: „Mutti, das war doch Peter, der da geschrien hat!" Marie antwortet: „Im Wald sind fremde Kinder, die spielen und schreien."

Werner zieht dem Toten Hose und Jacke aus, holt einen Spaten, vergräbt die Leiche und legt Tannenreisig darüber. Dabei bemerkt er nicht, dass Peters Hosenträger zurückbleiben.
Mit Hose und Hemd des Jungen schwankt Werner zurück in Maries Küche. Unter Tränen sagt er ihr, dass er den Peter erschlagen habe. Marie versucht, ihn zu trösten: „Gewiss, du hast große Schuld auf dich geladen. Ich will dir helfen die Bürde zu tragen, über meine Lippen kommt nichts. Du hast jetzt deine Frau und deine Kinder, glaube mir, es ist besser so!"
Vier Tage später tritt Werner seinen Dienst bei der Polizei an. Kurz darauf wird er entlassen, weil er seine Vorstrafe verschwiegen hatte. Er wird Wachmann im Munitionslager der Roten Armee in Rothenstein. Am 23. Mai meldet Marie ihren Pflegesohn als vermisst und gibt an, dass man ihn wahrscheinlich bei der Mauserei in Kleineutersdorf erwischt und umgebracht habe.
Im Laufe der nächsten Monate deutet Erika einigen Leuten gegenüber an, dass sie Peters Schrei gehört und Wilhelm Braune am Hals blutend gesehen habe. Man glaubt der verschüchterten Siebenjährigen nicht. Das Gerücht sickert durch zur Kahlaer Polizei, worauf Erika am 15. Dezember befragt wird. Auch hier hegt man anfangs Zweifel, geht aber der Sache nach. Werner und Marie werden verhört. Nach zwei Tagen weiß die Polizei, wie Peter Schnell und Wilhelm Braune ums Leben gekommen sind. Die Aussagen über Peters Drohungen und Attacken gegenüber der Pflegemutter werden von Erika bestätigt. Am 18. Dezember 1948 wird Peters Leiche ausgegraben, Werner führt die Kommission zum Tatort. Peters Hosenträger liegen nach wie vor dort.
Werner wird zu lebenslänglicher Zuchthausstrafe verurteilt, wegen Totschlags an Braune und grausamen, heimtückischen Mordes an Peter, Marie zu zehn Jahren Zuchthaus wegen Anstiftung zum Mord.

Die Gefängnisverwaltung berichtet über Marie, dass sie sich stets an die Regeln gehalten und fleißig gearbeitet habe und anderen gegenüber sehr hilfsbereit und fürsorglich gewesen sei. Nach ihrer Entlassung stellt sie drei Gnadengesuche für ihren Sohn, die beiden ersten werden kommentarlos abgewiesen. Dem dritten Gesuch wird stattgegeben mit der Begründung, dass Werner dem Sozialismus positiv gegenüberstehe. Er wird 1977 aus der Haft entlassen, im Alter von 52 Jahren.

Ich klappe die Hefter zu und gebe sie zurück. Wie oft hatte ich mich gefragt, wer sie waren. Wie es dazu kam, zu jenem Doppelmord am Rieseneck, von dem die Leute sprachen und worüber nichts Genaues zu erfahren war. Was sie erzählten, fand ich bestätigt. Es gab zwei Opfer, zwei Täter, zwei Urteile. Die Fakten

Das einsam im Wald gelegene „Grüne Haus“ gehört zum denkmalgeschützten Ensemble der historischen Jagdanlage Rieseneck im südlichen Saale-Holzland-Kreis. www.herzogstuhl-rieseneck.de

liegen klar auf der Hand, doch mein Blick auf die Beteiligten hat sich geändert. Wann und womit nahm die Tragödie ihren Anfang? Begann alles mit den „Diebstählen“ an Braunes „Eigentum“? Bis auf die genannten Informationen ist über ihn, seine Vergangenheit und seine gesellschaftliche Postition 1945 nichts bekannt. In den Vernehmungsakten heißt es, Braune habe in den letzten Tagen vorm Zusammenbruch allerhand Dinge besorgt und als Volkssturmführer gute Beute gemacht. Betrachtete man dies als legitim? Seine Anzeige wegen Diebstahls wurde immerhin von der Polizei aufgenommen.

Begann alles mit dem Eintreffen der Flüchtlingsfamilie in Thüringen? Der verhörende Polizist kommentierte: „Die Familie hatte nicht den besten Ruf“ und „die Kinder waren sittlich und moralisch verkommen.“ Über die 1000 Kilometer Flucht von Ostpreußen nach Thüringen im Winter 1945 wird nichts erwähnt. Gehörten die Bilder von Flüchtlingstrecks, die uns heute schockieren, zum Alltag? Oder waren Flucht und Vertreibung ein Tabuthema, wie in den Folgejahren?

Begann für Werner alles an der Ostfront? In der Strafkompanie? Mit dem Überlebensgrundsatz: „Erschießen oder erschossen werden?“ Marie sagte über ihren Sohn: „Er ist im Krieg herzlos und roh geworden, nach dem Zusammenbruch wurde er völlig haltlos. Er fand erst wieder Halt, als er seine Frau kennenlernte.“ Der Polizeibeamte vermerkte: „Er wirkt weitaus älter als 23 Jahre. Eine typische Nachkriegserscheinung.“

Ich glaube, zwischen den Zeilen eine gewisse Verachtung der Verhörenden gegenüber Marie zu spüren. Ihre gefallenen Männer, der verwundete Sohn, die verhungerte Tochter, die Pflegekinder ... die Fakten sind sachlich aufgeführt. Kommentiert ist ihr Verhältnis zu ihrem Sohn Werner, wobei mehrfach von „Affenliebe“ die Rede ist. Zwar räumt man ein, sie habe „ein nicht gerade freudvolles Leben“ gehabt, bemerkt aber zugleich, sie habe „versucht, auf die Tränendrüse zu drücken und musste mit harter Hand angefasst werden“.

Die Verfahrensweise von Polizei und Justiz vor über 70 Jahren entsprach offenbar dem Zeitgeist und ist mit heutigem Maßstäben nicht zu vergleichen. Anwaltlicher Beistand, Zeugen, Gutachten und dergleichen werden nicht erwähnt. Die Folgen des Krieges waren allgegenwärtig. Formell betrachtet gab es zwei Opfer und zwei Täter. Doch waren Werner und Marie einfach Täter? Waren sie nicht auch Opfer ihrer Zeit? Waren sie nicht alle Opfer des Krieges?

Martha in der Unterwelt

Martha säubert den Spülstein, trägt geschwind das Wasser hinaus, schüttet es in die Gosse und hastet zurück in die Küche. Die Herrschaften sind außer Haus und werden vor nächtlicher Stunde nicht heimkehren. Marthas Holzpantinen klappern im Rhythmus ihres Herzens. Sie hat ihre Arbeit in Windeseile erledigt, ihre Gedanken fliegen zur Laube hinterm Fliederstrauch unten am Fluss. Und zu Hermann. „Ich werde hier auf dich warten", hatte er gesagt, „von mir aus bis Mitternacht." Wie gern hätte sie an diesem besonderen Abend ein solch schmuckes Häubchen und Spitzenschürzchen getragen wie ihre Schwester Karoline, die in einem reichen Hause in Greiz in Anstellung ist. Allerdings – mit ihr tauschen würde Martha nicht wollen. Karolines Hausherrin ist garstig. Da hat es Martha mit ihren Herrschaften in Gera besser getroffen. Aber nachher, für das Stelldichein mit Hermann, hätte sie sich solch ein blütenweißes Häubchen gewünscht.

Hermann mistet den Schweinestall aus, füttert die Kühe und pfeift fröhlich vor sich hin. Geschwind trägt er das Feuerholz ins Haus. Er flitzt hin und her und stolpert beinahe über seine eigenen Füße. Er packt die letzten Scheite in den Holzkasten, klappt den Deckel zu und schaut die Bäuerin fragend an. „Mach Feierabend, Männe!", sagt sie und stellt ihm eine Schüssel Wirsingsuppe auf den Küchentisch. Sie mag den Knecht. Er ist 23, ebenso alt wie ihr jüngster Sohn. Für heute Abend hat sie ihm freigegeben, damit er, wie er gesagt hat, seine Mutter besuchen kann. Der Bäuerin ist schon seit Tagen aufgefallen, dass er sich verändert hat und sie hat so eine Ahnung. Während Hermann seine Suppe löffelt, greift sie nach einem Messer, geht hinaus und schneidet eine Heckenrose vom Strauch. Sie legt sie auf den Tisch und sagt schmunzelnd: „Ein Gruß an deine Mutter. Sie wird sich freuen.“ Ihr entgeht nicht, dass dem Männe die Röte ins Gesicht steigt.

Die Turmuhr schlägt sechs. Noch zwei Stunden! Ab sieben beginnt ihr freier Abend. Martha macht sich an ihre letzte Aufgabe für heute: Bier für morgen heraufholen. Sie nimmt einen Krug, geht in den Keller und weiter zur Tiefkellertür. Bevor sie die steile Treppe hinuntersteigt, die tief hinab ins Bierlager führt, nimmt sie die Kerze aus der Nische und zündet sie an. Vorsichtig setzt sie einen Fuß vor den anderen. Unten angelangt, füllt sie den Krug. Sie nimmt ein paar Schlucke, stellt das Licht in die Wandnische und setzt sich nieder. Ein paar Minuten rasten! Sie schließt die Augen und stellt sich vor, wie er versucht sie zu küssen. Ja, heute wird sie es zulassen. Nicht gleich, erst zum Abschied. Während sie dem Abend entgegenträumt, fühlt sie sich ein bisschen berauscht. Sie hält die Augen geschlossen, bemerkt nicht, dass das Kerzenlicht flackert.

Hermann geht ins Waschhaus, zieht die Arbeitssachen aus, wäscht und rasiert sich. Er steigt in seine gute Hose, die er vom Vater bekommen hat, weil sie dem zu eng geworden ist. Er knöpft das Hemd zu und kämmt seine Haare. Dankbar ist er der Bäuerin für das Jackett. Drei ihrer Söhne haben es schon getragen und trotzdem ist es noch ansehnlich. So hat sie es dem Hermann vermacht. Amüsiert sieht sie ihn, die Heckenrose in der Hand, durchs Hoftor gehen.

Zwölfmal hat die Uhr geschlagen. Die Blütenblätter liegen auf dem Boden der Laube. Hermann richtet sich auf und geht den Weg zurück, den er vier Stunden zuvor gekommen ist. Auf der Heinrichsbrücke wirft er die Reste des Rosenzweiges ins Wasser. Warum hat Martha ihn versetzt? Sie hat versprochen, punkt Acht da zu sein. Er hat fest daran geglaubt.

Blick in die Geraer Unterwelt. Die Höhler sind nicht nur zu besichtigen, ihnen zu Ehren findet auch das jährliche Höhlerfest statt sowie die „Höhler Biennale". Für Kinder und Jugendliche gibt es spezielle Angebote. www.gera-hoehler.de

Zur gleichen Stunde treffen die Herrschaften Zuhause ein. Sie haben einen netten Abend gehabt, plaudern ein wenig und gehen zu Bett. Als sie am nächsten Morgen die Küche betreten, ist der Herd kalt. Von der Magd keine Spur. „Ich schau mal nach ihr", sagt die Frau. „Martha hatte doch gestern Abend frei, vielleicht hat sie verschlafen." Sie steigt die Treppe hinauf, klopft an die Tür des Dachstübchens und ruft Marthas Namen. Als keine Antwort kommt, tritt sie ein. Das Bett ist unbenutzt. Ratlos geht sie wieder hinunter in die Küche. „Martha ist weg", sagt sie zu ihrem Mann. „Das ist nicht ihre Art, einfach zu verschwinden."
Während der Mann den Herd anheizt, geht sie hinaus, um in der Nachbarschaft zu fragen, ob jemand was weiß. Zuletzt gesehen hat man sie, als sie das Spülwasser in die Gosse schüttete, abends gegen sechs. Mehr ist in den nächsten Stunden nicht zu erfahren. „Wenn sie bis morgen nicht wieder auftaucht", sagt der Mann, „fahre ich zu ihrer Mutter. Vielleicht ist sie dort." Er nimmt einen Krug, um Bier zu holen. An der Kellertreppe greift er wie gewohnt in die Nische. Die Kerze steht nicht an ihrem Platz. Er holt eine neue, zündet sie an und steigt hinab. Auf der unteren Stufe findet er Martha. Er ruft sie beim Namen, sie antwortet nicht. Als er sie rüttelt, begreift er: Martha ist tot. Und er weiß, warum.
„So oft habe ich es ihr gesagt", versichert der Mann immer wieder. „Die Kerze ist nicht nur fürs Licht da. Sie hat es doch gewusst!" Martha hatte es gewusst, wie alle, die in den Kellern unter den Kellern zu tun hatten. Nur dies eine Mal hatte sie nicht daran gedacht.
Der Herr hatte ihr erklärt, dass im Bierkeller manchmal giftige Luft entsteht, die man nicht riecht. Die bleibe aber meistens unten am Boden. Wenn sie doch mal höher steigt, dann merke man das daran, dass die Kerze flackert oder schlimmstenfalls erlischt. „Dann nichts wie weg und die Treppe wieder hinauf!",

hatte der Mann gewarnt. Deshalb hatte die Kerze da unten einen festen Platz.

Marthas Schicksal war kein Einzelfall, ähnliche Tragödien dürften sich dereinst öfter zugetragen haben. In Gera oder Altenburg, in Zeitz, Nürnberg, Bamberg oder andernorts, wo man unter den Wirtschaftskellern Tiefkeller in den Berg gehauen hat, um selbst gebrautes Bier zu lagern. Die Leute haben vielleicht nicht von Gärgas oder Kohlenstoffdioxit gesprochen, doch sie wussten sehr genau, dass eine erlöschende Kerze Lebensgefahr bedeutete.

Die Keller unter den Kellern, in Gera „Höhler" genannt, wurden zwischen dem 16. und 18. Jahrhundert angelegt. Das unter der Altstadt gelegene Labyrinth hat eine Gesamtlänge von rund neun Kilometern. Die Hohlräume befinden sich in fünf bis acht, einzelne gar in zehn Metern Tiefe, mitunter in zwei übereinander gelegenen Sohlen. Zehn dieser Höhler sind auf einer Gesamtlänge von 250 Metern ausgebaut und bilden heute eine touristische Attraktion, nur die giftigen Gärungsgase gehören der verwunschenen Vergangenheit an.

Plötzlich waren wir „Freiwillige“

Lukas schiebt den Rollstuhl den Gang entlang durch die sich automatisch öffnende Glastür, über den gepflasterten Weg bis zur Linde. „Unsere Bank ist frei“, freut sich sein Urgroßvater Eduard. Wenn er Besuch hat, gesellt er sich nicht gern zu den anderen, zu „den alten Semestern“, wie er sagt. Dabei ist er selbst 90, aber geistig erstaunlich fit.
Der Junge mag seinen Urgroßvater. Er hatte ihm beizeiten das Schachspielen beigebracht, ihn zum Angeln mitgenommen und die Funktionsweise von allerlei Dingen erklärt. Besonders interessant findet es Lukas, wenn er aus früheren Zeiten erzählt. Er setzt sich neben den Rollstuhl auf die Bank und kramt die Streichhölzer hervor, während Eduard seine Zigarrenschachtel aus der Brusttasche holt. Die Zigarre mit einem Feuerzeug in Gang zu setzen, kommt für nicht infrage.
Der Nachmittag wäre entspannt verlaufen, wenn der Alte nicht gefragt hätte: „Na Junge, wie soll's denn weitergehen nach der Schule?“ Und wenn Lukas nicht unbedacht geantwortet hätte: „Ich will was Technisches machen, Fahrzeuge, Maschinen, vielleicht auch Luft- und Raumfahrt.“
Eduard zieht genüsslich an der Zigarre. „Gut so! Ihr jungen Leute habt ja heutzutage alle Möglichkeiten, könnt studieren und in die Welt ziehen. Wo soll's denn hingehen?“
„Mal sehen. Vielleicht Dresden, Ilmenau, Jena, Berlin. Vielleicht auch zur Bundeswehr.“
Die letzte Bemerkung ist ihm rausgerutscht. Ein Fehler! Das wird ihm klar, als sich der Blick des Urgroßvaters verfinstert.
Lukas muss daran denken, dass sein Urgroßvater nicht der einzige Mann in der Familie ist, der mit Ablehnung auf seine Pläne reagiert. Erst kürzlich hat er genau deswegen Zoff mit seinem

Vater gehabt. „Bist du irre?“, hatte der ihn angeherrscht. Dass heute alles anders ist, dass man beim Bund beste Möglichkeiten hat, gutes Geld verdient, kostenfrei mit der Bahn fahren kann – all das hatte den Vater nicht interessiert. Er faselte nur vom „sich abknallen lassen“ und davon, „andere abzuknallen“. Der Vater war so borniert, dass er nicht mal im Internet nachschauen wollte, welche zivilen Berufe es beim Bund gibt. Auch Lukas’ Argument, niemand müsse in Kriegseinsätze gehen, der das nicht freiwillig tue, akzeptierte er nicht. Er knallte einfach die Tür zu und war zwei Stunden verschwunden. Als er wieder aufgetaucht war, hatte er sich zumindest beruhigt. „Solange du nicht volljährig bist, werde ich dir das verbieten. Zivil oder nicht – jeder ist dort ein Rädchen im Getriebe der Kriege, in denen tagtäglich Menschen sterben. Auf allen Seiten.“

Lukas hatte ihm nicht geantwortet. „Du hast doch überhaupt keine Ahnung“, lag es ihm auf der Zunge, „du warst ja nie beim Bund.“ In einem reichlichen Jahr würde er 18 sein und musste sich eh nichts mehr verbieten lassen.

Sein Vater erzählte oft davon, dass während seiner Schulzeit „Nachwuchsgewinnung“ für die NVA betrieben wurde, dass es Wehrkundeunterricht gab und all solche Sachen, auf die er keinen Bock hatte. Und wie froh er war, dass er Zivildienst beim städtischen Bauhof leisten konnte. „Besser Straße kehren als rumballern.“

Seit dem Streit hatte keiner der beiden das Thema erneut angesprochen. Wer kürzlich davon anfing, war Opa Wolfgang. Er hatte Lukas gebeten, ihm beim Zaunbauen zu helfen. Es waren nur ein paar Latten auszuwechseln, was schnell erledigt war. Anschließend holte Opa Wolfgang zwei Flaschen Bier und sie setzten sich vor die Gartenlaube. „Du erwägst, zur Bundeswehr zu gehen?“, fragte er rund heraus.

„Hat sich wohl schon rumgesprochen“, meinte der Enkel sarkastisch.
„Hab’s gehört. Auch, dass dein Vater deswegen verrücktspielt.“
„Der hat mir bald nichts mehr zu sagen“, knurrte Lukas und nahm einen Zug aus der Flasche.
Der Opa prostete ihm zu. „Mach dir nichts draus, ging mir genauso. Mein alter Herr hat damals auch Theater gemacht, ich hab mich trotzdem durchgesetzt.“
Lukas wurde hellhörig. „Wieso? Ich denke, ihr musstet alle, ob ihr wolltet oder nicht?“
Wolfgang nickte. „Anderthalb Jahre, ja. Wer studieren wollte, mindestens drei. Und ich wollte studieren. Kfz-Technik. Ich hatte gehofft, dass ich was mit Fahrzeugen zu tun haben würde, Hauptsache nicht an die Grenze. Aber ich kam nach Probstzella, als Grenzer.“
Lukas musterte ihn erstaunt. „Du warst an der innerdeutschen Grenze?“
Opa Wolfgang wiegte den Kopf. „Antiimperialistischer Schutzwall hieß das damals. Das war eben so. Aber als unser Daniel, dein Vater, geboren wurde, war unsere erste Reaktion: Oh schön, ein Junge! Und der zweite Gedanke: Verdammt, der muss auch mal zur Armee! Dass er es letztlich nicht musste, daran war damals nicht zu denken.“
Lukas zögerte eine Weile, dann fragte er doch: „Wie war das an der Grenze?“
Statt ihm zu antworten, schaute Opa Wolfgang in die Ferne und sagte: „Es ist Zeit, Junge. Ich hab noch zu tun. Hab Dank für deine Hilfe.“
Lukas fragt sich, was eigentlich Sache ist. Was ist los mit den Alten? Erst macht ihn sein Vater rund, dann weicht ihm sein Opa aus und jetzt benimmt sich auch noch sein Urgroßvater merk-

würdig. Raucht seine Zigarre und schweigt. Haben die sich alle gegen ihn verschworen? Oder hat der Vater den alten Eduard auf seine Seite gezogen?
Der alte Mann räuspert sich. „So, so, du willst also zum Militär? Was sagen denn deine Eltern dazu?“
Lukas blickt trotzig geradeaus. „Das weißt du doch!“
„Was weiß ich? Woher soll ich was wissen? Mir Altem erzählt doch niemand was.“
„Naja, die sind nicht begeistert.“
Eduard sieht ihn nachdenklich an. „Junge, lass dir sagen, Krieg ist furchtbar. Und das Militär ist für Kriege gemacht. Wir waren gerade 15, als man das erste Mal auf uns geschossen hat. Ich hatte Glück. Zwei meiner Klassenkameraden hat’s erwischt.“
Endlich hat Lukas Gelegenheit, seine Argumente vorzubringen. Der Urgroßvater kann schließlich nicht einfach weglaufen.
„Glaub mir, das ist heute völlig anders. Bei der Bundeswehr gehen nur Freiwillige in Kriegsgebiete. Mach dir keine Sorgen, ich will nur in den zivilen Bereich. Meine Eltern wollen das nicht verstehen. Die hören mir nicht mal zu.“
„Hm“, brummelt der Urgroßvater. „Hm.“ Er blickt zu den beiden Elstern, die zwischen den Narzissen auf der Wiese umherhüpfen und krakeelen. Schweigend schiebt Lukas den Rollstuhl zurecht, damit den alten Mann die Sonne nicht blendet.
Stockend setzt Eduard an: „Ich kam 1935 in die Schule in unserem Dorf, ab 1940 ging ich in Jena zur Schule. Da hatte der Krieg schon begonnen.“ Seine Stimme klingt brüchig, die Worte gehen ihm schwer über die Lippen.
„Ich war beim Jungvolk, bei den Pimpfen, wie man sagte. Offiziell war das freiwillig, aber wer nicht eintrat, bekam schon Probleme. Oder die Eltern. Ich war gern dabei. Mir gefiel, was da

gemacht wurde. Sport, Geländespiele, Ausflüge und all solche Sachen. Mit 14 wurden wir in die HJ, die Hitlerjugend, aufgenommen. Darauf waren wir stolz. Es gab da verschiedene Sparten. Auf den Dörfern waren die meisten in der Feuerwehr-HJ. Ich hatte mich in Jena bei der Flieger-HJ angemeldet. Weil ich unbedingt segelfliegen wollte, das war mein Traum. Was haben wir an den Segelfliegern herumgebastelt! Wenn die dann auf der Anhöhe über Lobeda gestartet wurden, spannten wir die dicken Gummiseile. Auf Kommando ließen wir los, katapultierten das Flugzeug über die Klippe und sahen gebannt zu, wie es sich nach oben schraubte."

Eduard pustet graublaue Ringe in die Luft. „Ich habe immer kräftig mitgezogen. Doch zum Fliegen kam ich nicht!"

Lukas denkt plötzlich, dass sein Urgroßvater noch nie über diese Zeit gesprochen hat. Er erzählte gern und viel: über seine Kindheit und über Dumme-Jungen-Streiche, über die Lehrjahre bei Zeiss und die Meisterschule. Davon, wie er sein erstes Motorrad zusammengespart hat und damit Sommer wie Winter auf Arbeit fuhr. Wenn er plaudert, hat seine Stimme einen anderen Klang. Diesmal jedoch spricht er langsamer und leiser.

„Mit der HJ haben wir Arbeitsstunden geleistet. 1944 habe ich auf der REIMAHG mitgeschippt. Dann kamen die ersten Waffenlehrgänge und in Abendseminaren lernten wir das Morsen. Es folgten 14-tägige Ausbildungslager in Eisenberg und wir waren dort in der Schützenhalle untergebracht. Wir wurden ausgebildet am Karabiner, am leichten MG, an Handgranaten, an Minen, an der Panzerfaust und an Pistolen. Unsere Eltern wussten das.

Aber was danach passierte, das wussten sie nicht. Der Bannführer kam zu uns und hielt eine markige Rede. Er hatte ein paar schicke BDM-Mädchen mitgebracht und sprach anfeuernde

Unter der Bezeichnung „Geländespiele“ wurden die Jungen von den Nazis frühzeitig für Kriegseinsätze trainiert.

Worte über den Endsieg und so. Er sagte: ‚Wer sich nicht freiwillig melden möchte, möge vortreten!' Wir standen in drei Reihen, zwei Drittel der Versammelten war es rein praktisch nicht möglich vorzutreten. Es hätte aber auch keiner gewagt. Wir waren ja von klein auf zum Gehorsam erzogen. Und eigentlich wollten viele von uns 15-Jährigen den Krieg gewinnen. Im Frühjahr 1945! Wir waren von der ersten Klasse an auf Führer, Volk und Vaterland geimpft. Da standen wir nun und fühlten uns wichtig. Dann hieß es: ‚Erstes Glied zwei Schritte vor, drittes Glied zwei Schritte zurück.' Die Mädels kamen zu uns, in den Händen hatten sie Zigarrenkisten mit roten Bändchen darin. Die steckten sie uns mit aufmunterndem Lächeln an die Schulterstücke unserer HJ-Uniformen. Und damit waren wir ‚Freiwillige'.
Am nächsten Tag verfrachtete man uns in einen Zug Richtung Pößneck. Ziel: Wehrertüchtigungslager Ranis. Ich wusste freilich, dass es solche Lager gab. Für die Marine, für die Infanterie und für die Luftwaffe. Dass dies ein Ertüchtigungslager der Waffen-SS war, erfuhren wir erst dort. Ich wollte eigentlich nur segelfliegen! Und plötzlich war ich Freiwilliger der Waffen-SS!
Unsere Eltern durften uns noch mal besuchen. Es war mir peinlich, dass meine Mutter weinte. Ich meinte, sie müsse stolz auf mich sein. Mein Vater war kein Mann der großen Worte. Er hatte stets geschwiegen, wenn ich begeistert mein in der Schule und bei der HJ erworbenes Wissen zum Besten gab. Doch während dieses Besuches sagte er zu mir: ‚Junge, merk dir eines: Kriege werden nicht gewonnen, da wird nur verloren.'
Ich war entsetzt. Nicht genug damit, dass Vater sich eine Unabkömmlichkeits-Bescheinigung besorgt hatte, anstatt mit den anderen Männern an der Front zu kämpfen. Nun stellte er gar den Endsieg infrage. Ich konnte es nicht fassen. Damals.

Das Schützenhaus Ranis wurde ab 1933 von der SA, ab 1936 von der SS genutzt. Kurz vor Kriegende diente es als Wehrertüchtigungslager. Die praktische Ausbildung der Jugendlichen fand außerhalb des Ortes im „Ratsholz“ statt.

Vater hatte mir gegenüber nie darüber gesprochen, wie er selbst als 18-Jähriger ‚mit Gott für Kaiser und Vaterland‘ ins Feld gezogen war. Nur meine Mutter bemerkte manchmal, wenn er Hustenanfälle hatte, das käme von diesem verdammten Gas in Verdun.“

Eduard betrachtet seinen Zigarrenstummel. „Die war gut! Hab ich von Wolfgang gekriegt. Lange genug hat's gedauert, ehe er begriffen hat, was 'ne gute Zigarre ist.“

Am Abend kann Eduard nicht einschlafen. Seine Gedanken kreisen um jene Ereignisse, die er ein für alle Mal vergessen wollte. Jetzt sieht er alles wieder vor sich. „Ich musste dem Jungen davon erzählen“, murmelt er. „Und ich werde noch mehr erzählen müssen! Alles!“

Auch Lukas ist nicht nach schlafen zumute. Er hockt auf seinem Bett, den Laptop auf dem Schoß. Er googelt: Verdun. Waffen-SS, Flieger-JH. Probstzella, Grenze, Schießbefehl. Weltkrieg, Ostfront, Buchenwald, Auschwitz ... Gegen Mitternacht schwirrt ihm der Kopf. Er legt sich hin, doch an Schlaf ist nicht zu denken. Immer wieder schreckt er hoch. Schließlich wirft er den Laptop wieder an und ruft die Seiten der Bundeswehr auf. Die Karriereaussichten, die strahlenden Gesichter unter blauem Himmel, wie sie einem von Werbetafeln, aus Buswartehäuschen und selbst als Werbung auf Straßenbahnen entgegenspringen, interessieren ihn dieses Mal nicht. Stattdessen gibt er Stichworte ein wie Auslandseinsatz, Krieg und Tote. Er liest nach unter NATO, Rüstung, Manöver, humanitäre und Katastropheneinsätze.

Es dämmert, als er den Laptop ausschaltet. Ihm fallen die Augen zu, aber er schläft unruhig. Am Morgen erscheint Lukas manches in einem anderen Licht. Den Vormittag verbringt der junge Mann damit, sich die Seiten der TU Dresden und Ilmenau und der Ernst-Abbe-Hochschule Jena anzusehen.

Unterwegs im Schutze der Nacht

Stoisch marschieren Alfred und Paul durch die Nacht. Es nieselt und der Wind fährt ihnen unter die Wattejacken. Wortkarg stapfen sie nebeneinander her, jeweils eine Hand an der Deichsel des Handwagens. Ihre Fracht – Karli – harrt im Bretterverschlag schweigend aus. Diesmal haben sie eine längere Strecke vor sich. Auf der freien Landstraße haben die drei nichts zu befürchten, um diese Zeit ist niemand unterwegs. Nur wenn sie die Dörfer passieren, ist Vorsicht geboten. Die Strecke ist ihnen bestens vertraut, sodass sie den Handwagen selbst im Dunkeln so steuern, dass er wenig Geräusche verursacht. Die letzte Gefahr auf ihrer Route birgt das Anwesen unmittelbar am Hang. Nicht der Bewohner wegen, sondern wegen des penetranten Geruchs eines Ziegenbocks, dessen Domizil direkt an die Straße grenzt. Die ersten Male, als sie hier entlangkamen, spielte Karli verrückt. Alfred und Paul war nichts anderes übriggeblieben, als die Gefahrenzone im Laufschritt zu überwinden. Ein bisschen sitzt den beiden der Schreck von damals noch in den Gliedern, aber wie bei ihren letzten Touren benimmt sich Karli vorbildlich.

Lise schaut seit zwei Stunden aus dem Fenster. Als die drei am Tor ankommen, steht Heinrich schon bereit, um sie einzulassen und das Hoftor rasch und geräuschlos wieder zu schließen. Während Heinrich mit Paul und Alfred auf die gelungene Aktion anstößt, lässt sich Karli von Lise bemuttern. Sie führt ihn in den Stall, krault ihm den Kopf und bewirtet ihn mit duftendem Heu und saftigen Rüben. Sein Nachtlager ist eigentlich Bertas und Lottis Domizil, aber die beiden Zwillingsdamen wurden in ein Ausweichquartier in die Scheune verbannt.

Für den nächsten Tag um die Mittagszeit hat sich Herr Meier vom Amt angekündigt. Lise geht in den Stall und verwöhnt Karli mit Streicheleinheiten und Futter. Indes geleitet Heinrich die beiden Ziegen ins Grüne. Pünktlich um zwölf erscheint Inspektor Meier und nimmt Karli in Augenschein. Er erteilt die behördliche Bestätigung, dass Karli, für den Lise und Heinrich die Schlachtgenehmigung beantragen wollen, tatsächlich ein Ziegenbock ist. In diesen mageren Zeiten der 1940er-Jahre ist es verboten, weibliche Ziegen zu schlachten, weil die für Nachwuchs sorgen sollen. Eine Genehmigung gibt es lediglich für Böcke.

Nachdem Inspektor Meier seines Amtes gewaltet hat und wieder verschwunden ist, wird Berta zurück in die Scheune gebracht, während Karli sich mit ihrer Schwester Lotti vergnügen darf. Lise und Heinrich sind guter Hoffnung. Wenn Lotti ihnen zwei Zicklein schenken würde, wäre Karlis nächster Besuch schon geplant.

Nach Einbruch der Dunkelheit öffnet Heinrich sein Hoftor abermals für Alfred und Paul. Karli ist bereitwillig eingestiegen. Diesmal führt ihre Tour nur bis ins Nachbardorf. Der Ziegenbock erfreut sich vom Holzland bis in den Reinstädter Grund großer Nachfrage. Er hat sich daran gewöhnt, nachts durch die Lande gekarrt zu werden und sich inspizieren zu lassen. Der Glücksumstand, dass er keine auffälligen äußeren Merkmale hat, beschert ihm ein langes Leben.

Tags darauf fährt Willy vor, auf seinem Handwagen hat er die Fleischerutensilien. Er erscheint offiziell bei Tageslicht, schließlich hat Heinrich eine ordnungsgemäße Schlachtgenehmigung. Anders ist das bisweilen, wenn gute Bekannte nebenher ein Schwein herangefüttert haben. Seine Ausrüstung im Schutze der Dunkelheit zum Ort des Geschehens zu bringen, ist kein großes Problem. Doch nicht immer ist es ratsam, dass er, wie üblich, sein Handwerk im Waschhaus verrichtet. Vor allem, wenn die Nachbarschaft wachsam oder geschwätzig ist. Selbst ein Sichtschutz am Waschhausfenster wirkt suspekt.

Erst kürzlich hatte er seine Gerätschaften auf den Scheunenboden eines Bekannten geschleppt, wo Grunzi in einer Buchte, geschützt vor neugierigen Blicken, herangewachsen war. Und weil sich ein Schwein selten geräuschlos aus dem Leben befördern lässt, hat der Hausherr für diesen Tag den Sägemann bestellt, der mit seiner mobilen Kreissäge fleißig und weithin hörbar Brennholz macht.

Willys abenteuerlichste Schlachtaktion hatte sich in einem kleinen, in einer Talsenke gelegenen Dorf zugetragen, in dem zwischen einigen Bewohnern heftige Zwietracht herrschte. Das lag vor allem an Gottlieb. Der hatte vor nicht allzu langer Zeit in den 60-Seelen-Ort eingeheiratet. Keiner wusste so richtig, womit er seine Brötchen verdiente. Als selbst ernannter Ordnungshüter machte er es sich zur Aufgabe, selbst kleinste Verfehlungen der anderen Dorfbewohner aufzudecken und die zuständigen Behörden zu informieren.

Es war an einem klaren Wintertag. Ein leichter Hauch von frischer Wurstsuppe zog durch den Ort, obwohl niemand einen Schlachtschein beantragt hatte. Der Geruch erregte Gottliebs Aufmerksamkeit. Das Indiz erschien ihm jedoch zu vage, um amtliche Maßnahmen anzuschieben. Erst als ihm wenig später der unverkennbare Duft von Räucherwürsten in die Nase stieg, meldete er seinen Verdacht. Ein Amtsmann rückte an, um die Sache zu überprüfen. Allerdings war inzwischen Wind aufgekommen, sodass mittels Geruchssinn nichts mehr auszumachen war. Kraft seines Amtes suchte der Kontrolleur jedes der zwölf Häuser persönlich auf, gefolgt von Gottlieb, der darauf brannte, einen Schwarzschlachter überführt zu sehen. Doch er wurde enttäuscht, in keinem der Häuser waren Hinweise oder Spuren zu finden.

Erst 30 Jahre später gab Fleischer Willy am Stammtisch zum Besten, dass er damals auf dem Friedhof in der Leichenhalle ein Schwein geschlachtet hat.

Der dunkelste Raum Thüringens

Er hatte einen unendlich langen Weg hinter sich, bevor man ihn inmitten eines dunklen Waldes in Thüringen einfing. Als dies geschah, wusste er nicht mehr, was inzwischen aus seiner Heimat geworden war und ob es sie überhaupt noch gab. Während seiner Reise war er mit atemberaubender Geschwindigkeit unterwegs. Tempolimits gelten nicht für ihn. Auf seinem Weg hat er Dinge erlebt, die uns völlig fremdartig erscheinen, für ihn aber normal sind. Aber in Thüringen einfach so eingefangen zu werden, das war für ihn ein echtes Abenteuer.

Es war in einer sternenklaren, mondhellen Nacht, als er unmittelbar nach seiner Ankunft in diese seltsame Röhre purzelte. Er konnte nicht ahnen, dass man diese Falle extra für ihn und seinesgleichen aufgestellt hat. Stockdunkel war es da drinnen, aber immerhin geräumig. Er prallte hart auf, wurde auf die andere Seite geschleudert, prallte erneut auf. So ging das etliche Male, es gab kein Entkommen. Im Zickzack bewegte er sich nach unten, während es um ihn enger und enger wurde. Schließlich kam er unbeschadet unten an. Und nur das zählte! Doch eine solche Finsternis hatte er in seinem ganzen langen Dasein noch nicht erlebt. Kein Wunder, denn er war im dunkelsten Raum Thüringens gelandet.

Nun ist sein Weg ist vorgegeben, es gibt kein Entrinnen. Er springt um ein paar Ecken, passiert ein enges Gitter und erreicht exakt den Ort, den man für ihn vorgesehen hat. Rund 92 Meter hat er zurückgelegt, seit er in die Röhre gefallen ist. Nun ist er auf seinem Platz angekommen und soll über seine ferne Heimat erzählen. Er spricht eine Sprache, die nicht einfach zu entschlüsseln ist. Hierfür braucht es Experten. Es braucht Astronomen, denn „er“ ist ein Lichtstrahl aus den Weiten des Universums, eingefangen in der Thüringer Landessternwarte

Tautenburg mithilfe eines 2-m-Spiegelteleskops, Deutschlands größtem optischen Fernrohr. Er wurde über zahlreiche Umlenkspiegel in den Keller des Kuppelbaues geleitet, in den dunkelsten Raum Thüringens. Mittels Spiegel gelangt das Sternenlicht zum Spektrografen, dessen Gitter es in seine farblichen Bestandteile zerlegt. Das Spektrum wird digital erfasst, gespeichert und liefert den Astronomen Informationen über die Eigenschaften der Objekte im All.
Dieses Verfahren wird angewendet, wenn der Mond am Himmel steht und es zu hell ist, um einzelne Objekte direkt zu fotografieren. Daher wird das Teleskop nach jeweils zwei Wochen, entsprechend den Mondphasen, technisch umgerüstet. Anders als bei der Spektroskopie gelangen die Lichtstrahlen bei der Direktfotografie bereits im Teleskop auf den Chip und als Daten auf den Computer.
Anders als der Laie vermutet, hat moderne Astronomie nichts mit der Romantik des Sterne-Betrachtens zu tun. „Etwa 80 bis 90 Prozent unserer Arbeit ist es, Daten auszuwerten und Informationen auszutauschen. Schreibtischarbeit eben“, sagt Dr. Eike Guenther, wissenschaftlicher Mitarbeiter an der Sternwarte. „Spannender als das Beobachten ist, wenn man Ergebnisse bekommt, die Daten zusammenstellt und sich fragt: Ist das echt oder nicht, was sich da draußen abspielt? Ist da vielleicht ein neuer Stern, ein unbekannter Planet?“
Die Beobachtungen führen in der Regel die Nachtassistenten durch, nur wenn ein Highlight ansteht, ist er selbst dabei. „Wenn beispielsweise ein Planet in einer ganz bestimmten Ebene vor einem Stern entlangläuft, dann leuchtet der Stern durch die Atmosphäre des Planeten und man kann diese untersuchen. Wir rechnen zuvor aus, wann das passiert, und dann herrscht Aufregung, ob es klappt.“ Beim Venustransit vor der Sonne habe

man das sehr schön gesehen. „Auch wenn wir glauben, einen unbekannten Planeten entdeckt zu haben, beobachten wir ihn erst mal, und wenn es sich bestätigt, wird genauer untersucht, welche Eigenschaften er aufweist.“

Als vor ein paar Jahren eine Mondfinsternis stattfand, haben viele Menschen dieses Ereignis verfolgt. Für die Astronomen hatte es eine besondere Bedeutung. „Das rötliche Licht, in dem der Mond zu sehen war, wurde durch die Brechung des Sonnenlichts (beim Durchdringen der Erdatmosphäre) verursacht. Man sah also das Spektrum der Erdatmosphäre, so als ob man vom Mond aus eines von unserer Erde machen würde. Wenn wir dieses mit den Spektren anderer Planeten vergleichen, können wir Rückschlüsse auf eventuelle Erdähnlichkeiten ziehen.“

Natürlich beobachtet man auch Asteroiden, die in der Nähe der Erde vorbeisausen, um deren Bahn genau zu vermessen. „Aber keine Angst, wir kennen keinen einzigen wirklich großen Brocken, der auf Kollisionskurs ist.“ Kleinere Körper erreichen die Erde jedoch öfter, als man glaubt, die meisten landen aber im Meer oder in unbesiedelten Gebieten. „Da ist einmal ein Meteorit im Sudan heruntergekommen, der schon vorher beobachtet worden ist“, erzählt Eike Guenther. „Allerdings landete der mitten in der Wüste, da hätten wir auch gar nicht gewusst, wen wir dort anrufen sollten.“

Anders sei es im April 2020 gewesen, als amerikanische Kollegen von Hawaii aus einen Asteroiden entdeckten, der sich in Richtung Erde bewegte. Eine knappe Stunde später wurde diese Beobachtung von einem chinesischen Observatorium bestätigt. Kurz darauf hatten die Thüringer den Neuling im Visier. Mithilfe der Tautenburger Beobachtungen konnte die Bahn genau berechnet und ein Zusammenstoß mit der Erde ausgeschlossen werden. Wie vorausberechnet flog er in rund

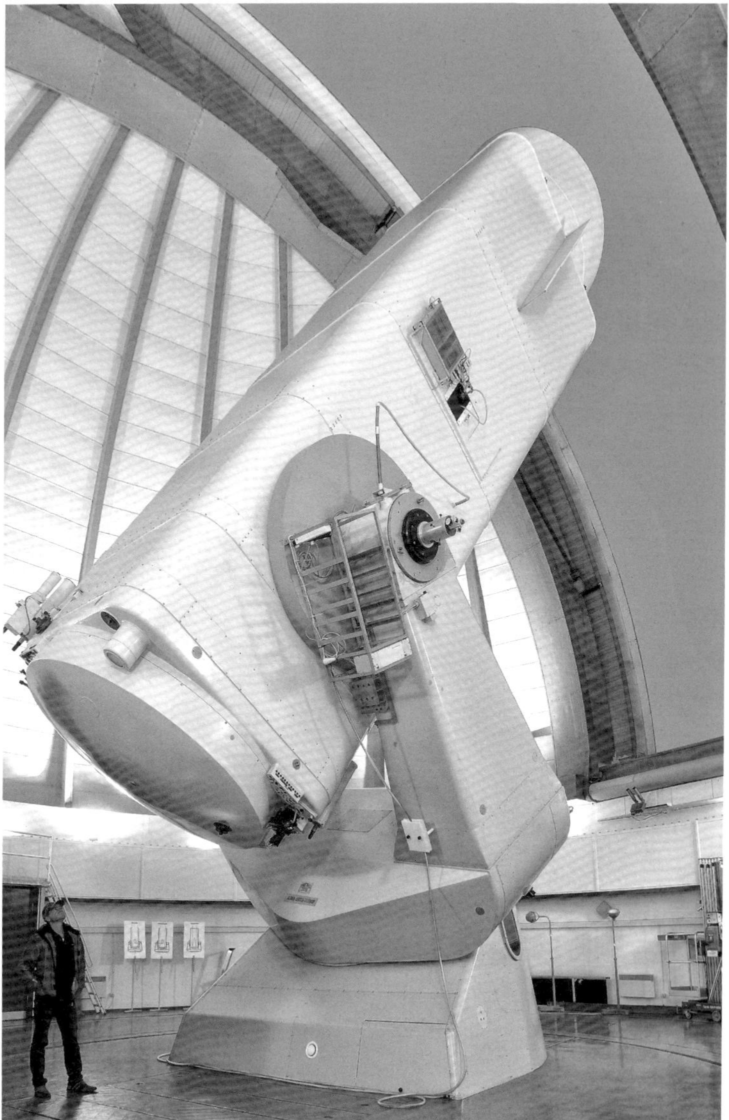

Das Tautenburger Observatorium spielt seit seinem Bestehen eine herausragende Rolle. Das 2-m-Universal-Teleskop war bei seiner Inbetriebnahme 1960 das weltweit größte Weitwinkelteleskop, gebaut von Zeiss in Jena. Noch heute gehört es zu den 80 größten der Welt.

36 300 km Abstand an der Erdoberfläche vorbei. Zwar wäre eine Kollision wegen der geringen Größe des Himmelskörpers (ca. fünf Meter Durchmesser) relativ glimpflich verlaufen, doch war dies eine gelungene Übung für das Auffinden sowie die rasche Charakterisierung dieser Objekte und den weltweiten Austausch der Ergebnisse.

Kaum ein anderes Forschungsgebiet ist seit Jahrhunderten so international wie die Astronomie, schließlich kann man denselben Stern von überall beobachten. Zudem spielen von Menschen aufgestellte Regeln oder Ländergrenzen eine vergleichsweise untergeordnete Rolle. Oder aber es finden sich Lösungen, um diese zu überwinden, wie ein Beispiel aus der Zeit des geteilten Deutschland zeigt.

Damals wurden die Bilder aus dem All noch analog aufgenommen, die hierfür benötigten 24 x 24 Zentimeter großen Fotoplatten wur-

Dr. Eike Guenther im Spektografen-Raum der Sternwarte Tautenburg, dem dunkelsten Raum Thüringens.

den in der Filmfabrik Wolfen (ORWO) eigens angefertigt. Da in der Astronomie mit verschiedenen Farbfiltern gearbeitet wird, brauchte man drei unterschiedliche Plattentypen. Blau- und gelbempfindliche Platten konnte man in Wolfen herstellen, jedoch keine rotempfindlichen. Die waren nur vom westdeutschen Hersteller Kodak zu bekommen. Es war jedoch verboten, Fotomaterialien in die DDR zu liefern. Deswegen wurden sie von Westdeutschland in die Schweiz geschickt, die als neutraler Staat nicht an die Handelsgesetze zwischen Ost und West gebunden war. Von da aus gelangten sie schließlich in die DDR. Es heißt, die Lieferungen seien zudem anders deklariert gewesen. Unterlagen darüber gibt es jedoch nicht. „Gut möglich, dass die Kollegen das Verfahren untereinander nur abgesprochen, sicherheitshalber aber nicht protokolliert haben, weil es am Rande der Legalität lag", vermutet Eike Guenther. Dafür könne man ihnen bis heute dankbar sein, denn der Fundus aus 30 Jahren umfasst rund 10.000 Platten mit teilweise spektakulären Aufnahmen. 6000 davon sind inzwischen digitalisiert und liefern durch die neuerliche Auswertung am Computer weitergehende Informationen. „Ich habe selbst nie eine Fotoplatte belichtet, ich kenne es nur aus Erzählungen", räumt der Astronom ein. „Als ich in Freiburg im Breisgau anfing mit der Astronomie, gab es schon elektronische Empfänger. Einfache zwar, aber es gab sie."

Christian Högner hingegen wurde der Umgang mit Fotoplatten in die Wiege gelegt. Er ist einer der drei Nachtassistenten und zugleich der Dienstälteste unter ihnen. Sein Vater, der Fotomeister Wolfgang Högner, gehörte quasi zum Urgestein der Sternwarte. Er hatte ihren Bau und die Inbetriebnahme 1960 miterlebt, dokumentiert und Unmengen an Platten entwickelt. So ergab es sich, dass sein 1965 geborener Sohn von klein auf in der Sternwarte ein und ausging. „Für mich war das etwas Alltägliches, sodass ich gar nicht einschätzen kann, welchen Eindruck die Kuppel mit dem Teleskop auf jemanden macht, der sie zum ersten Mal sieht", sagt Christian Högner. Seines Vaters Refugium war vor allem das Labor im Kellergeschoss mit Dunkelkammern, Nass-Strecke und drei Mitarbeitern. Und mit dem unverkennbaren Geruch nach Fotochemie, der nach wie vor durch die Gänge wabert.

Christian absolvierte Anfang der 80er-Jahre eine klassische Fotografenausbildung. Das Handwerkszeug im Umgang mit den speziellen Fotoplatten und den Besonderheiten der astronomischen Aufnahmen vermittelte ihm der Vater vor Ort.

Das Tautenburger Teleskop ist keines, durch das man hindurchschaut, sondern eher ein große Fotokamera. Es wird anhand der vorgegebenen Koordinaten eingestellt und bewegt sich entsprechend der Erddrehung, um die Aufnahmen exakt festzuhalten. Die automatische Nachführung bedarf der Feinkorrekturen, die der Nachtassistent heute am Computer steuert.

Der Aufwand, der zu Zeiten der Analogfotografie notwendig war, ist in unserer Zeit kaum noch vorstellbar, ebenso die Bedingungen, unter denen die Aufnahmen angefertigt wurden. Während heutzutage der Mitarbeiter vorm PC-Monitor sitzt und alles digital abläuft, fanden früher die Beobachtungen direkt in der Kuppel statt. In absoluter Dunkelheit musste die hochempfindliche Fotoplatte aus der Mehrfachverpackung genommen, in eine zwölf Kilo schwere Kassette eingesetzt und in den Fokus eingebracht werden. Während der Langzeitbelichtung, die bis zu 80 Minuten andauerte, wurde der Bereich über ein Leitfernrohr beobachtet. Die Feinjustierung erfolgte manuell über einen Leitstern im Fadenkreuz. Dabei befand sich der Assistent auf der Beobachterbühne, mit der jeder beliebige Punkt in der Kuppel erreichbar ist. Er selbst habe mehr als 1000 Nachtstunden in der Kuppel verbracht, erzählt Christian Högner. Das sei bei Weitem nicht so

Nachtassistent und Fotograf Christian Högner im Plattenarchiv der Sternwarte Tautenburg. Bei dem Objekt auf der Fotoplatte handelt es sich um den Kometen Hale Bopp.

romantisch gewesen, wie sich das ein Außenstehender vorstellen mag – die Milchstraße über sich zu haben, ins Fernrohr zu gucken und spektakuläre Aufnahmen zu machen. „Das war manchmal eine ziemliche Tortur. Im Winter dauert eine Beobachtungsnacht bis zu 13 Stunden und das bei minus 15 Grad Kälte, unter der geöffneten Kuppel. Man machte mit der Hand die Feinjustierung, hatte also auch keine körperliche Bewegung. Ich habe manchmal um eine Wolke gebetet, um mich aufwärmen zu können." Zum nächtlichen Frieren kam die völlige Dunkelheit. Nachts in der Kuppel sowieso, doch auch die Tagdienste spielten sich überwiegend in der Dunkelkammer beim Entwickeln der Fotoplatten ab. Dennoch habe er seine Arbeit immer geliebt, trotz Kälte, Dunkelheit und Chemiegestank.

Einige der unbenutzten Fotoplatten hat Christian Högner zu Anschauungszwecken aufbewahrt, darunter auch ein paar der teuren Kodak-Platten aus der letzten Westlieferung. Manchmal zeigt er jungen Besuchern, wie früher fotografiert wurde. „Die kommen aus dem Staunen nicht mehr raus, wenn sie sehen, wie im Entwicklerbad ein Bild entsteht.“ Ihm selbst sei das Hantieren mit Entwicklerdose, Fixiersalz und Trockenpresse nach wie vor sehr gegenwärtig.
Die letzte Aufnahme auf einer Fotoplatte ist die des Kometen Hale Bopp (Halleyscher Komet) aus dem Jahr 1995. Zwar wurde zu dieser Zeit schon digital fotografiert, doch mit dem Speicherchip, der damals zur Verfügung stand, hätte man 36 Einzelaufnahmen machen müssen, um den Kometen in seiner Gänze aufnehmen zu können. Das wäre zwar mit dem Computer kein Problem gewesen, aber man nutzte lieber die Möglichkeit, ihn mit einer Einzelaufnahme auf der Platte zu verewigen.
Rückblickend betrachtet sei es überwältigend, wie rasant sich die Technik und damit die Wissenschaft entwickelt habe. „Mit dem Chip, der sich heute im Teleskop befindet, können wir ohne großen Aufwand pro Nacht die 100-fache Menge an Aufnahmen machen. Die Objekte sind teilweise mehrere Milliarden Lichtjahre entfernt und ihr Licht ist bis zu 15 Millionen mal schwächer, als ein Auge es wahrnehmen kann. Und während der Beobachter vormals Wolken oder Wolkenlücken am nächtlichen Himmel unmittelbar im Blick haben musste, schaut er heute aufs Satellitenbild am PC.“
Allerdings habe es in seinem Wissenschaftsbereich bereits lange vor dem Digitalzeitalter „Computer“ gegeben, erzählt Astronom Eike Guenther amüsiert. So hießen nämlich die Leute, die früher die Aufnahmen manuell ausgemessen und deren Koordinaten berechnet haben. Ein „Computer“ war dereinst ein Mensch mit Papier, Bleistift und Rechenschieber.

Schwarz über die grüne Grenze

„Kinder, seht zu, dass ihr hier wegkommt“, sagte Helene. Ihren Mann hatten die Amerikaner Mitte April abgeholt und in ein Lager bei Bad Hersfeld gebracht. Der Frau und ihren vier Kindern, so hieß es, drohe aber keine Gefahr.

Nun wurde immer häufiger gemunkelt, die Amerikaner zögen ab und überließen das Gebiet den Sowjets. Über die Russen hatte man Fürchterliches gehört. Und tatsächlich, eines Tages im Juni 1945 verließen die Amerikaner das ostthüringische Dorf, zwei Stunden später marschierte die Rote Armee ein.

Helene war schwer herzkrank und es war abzusehen, dass sie die Strapazen einer Flucht nicht überstehen würde. Sie einigte sich mit ihren Kinder darauf, dass ihre beiden 17- und 13-jährigen Töchter und der zehnjährige Sohn sich auf den Weg zu den Großeltern machen sollten, die einen kleinen Hof in der Nähe von Detmold besaßen. Nur ihr Großer, der 16-jährige Hans, sollte vorerst noch bei ihr in Thüringen bleiben. Die drei bepackten einen Handwagen und zogen erstmal nach Süden in Richtung Bayern.

Für Helene und Hans folgten Tage und Wochen in quälender Ungewissheit und Sorge. Sind die drei angekommen? Als sie im September noch immer keine Nachricht erhalten hatten, fuhr Hans mit dem Zug nach Leinefelde und passierte zum ersten Mal die grüne Grenze. Das war recht schwierig, denn er kannte sich in der Gegend nicht aus und wusste nicht einmal, wo genau die Grenze zwischen sowjetischer und amerikanischer Besatzungszone verlief. Nach ein paar Tagen kehrte er zurück mit der Botschaft, dass die drei Geschwister auf dem großelterlichen Hof eingetroffen waren. Zwar sei ihre Reise ein ziemliches Desaster gewesen und drei Kilometer vorm Ziel

brach der Handwagen zusammen, aber sie hatten es geschafft und es gehe ihnen gut.
Für Hans war dies der erste Grenzübertritt, aber bei Weitem nicht der letzte. Im Laufe von zwei Jahren war er insgesamt 27 Mal unterwegs, jedes Mal schwarz über die Grenze und wieder zurück. Zwischen Arenshausen und Friedland, von Teistungen nach Duderstadt, im Harz zwischen Ellrich und Walkenried, einmal auch bei Helmstedt. Ob im Sommer oder im Winter, ständig war Hans unterwegs bepackt mit allem, was er an familiärem Hausrat tragen konnte. Inzwischen hatte die Schule wieder begonnen, so besuchte er die Woche über die Oberschule in Neustadt an der Orla. Seine zahlreichen Unternehmungen wirkten sich allerdings auf die Zensuren aus.
Einmal war er mit einem furchtbar schweren Überseekoffer voller Bettwäsche aufgebrochen. Hans lud ihn auf den Fahrradlenker, fuhr zum acht Kilometer entfernten Bahnhof und deponierte den Koffer in der Gepäckaufbewahrung. Weil er nicht wusste, wo er das Rad lassen könnte, brachte er es nach Hause, ging zu Fuß zurück zum Bahnhof und holte den riesigen Koffer ab. Der Zug fuhr ein, war jedoch hoffnungslos überfüllt. Selbst ohne Gepäck hätte er kaum eine Chance gehabt, darin unterzukommen. Mit diesem voluminösen Ungetüm war es völlig aussichtslos. Also suchte er sich einen Platz auf den Puffern zwischen den Waggons. Das war nicht weiter schlimm, auf diese Art zu reisen war durchaus üblich. Hans' Problem war jedoch, dass am Henkel des Koffers ein Metallbügel riss, sodass er ihn nicht mehr am Griff tragen konnte. In Erfurt, wo er umsteigen musste, bugsierte er ihn zur Gepäckaufbewahrung und ließ sich ein Stück Draht geben, mit dem er den Griff provisorisch reparierte.
Als Hans in Ellrich ankam, sah er auf dem Bahnsteig die Polizei patrouillieren. Kurzentschlossen sprang er auf der anderen

Grenzgebiet zwischen Thüringen und Niedersachsen Mitte der 1960er-Jahre. Der hölzerne Beobachtungsturm befand sich in der Nähe von Ecklingerode unweit von Teistungen.

Seite aus dem Zug, um unbemerkt zu verschwinden. Dabei ging der andere Bügel des Griffs zu Bruch. Irgendwie gelang es ihm mit samt seiner Fracht, den Bahnhof hinter sich zu lassen und den Blicken der Uniformierten zu entkommen. Doch nun war guter Rat teuer. Hans, inzwischen 17, aber nicht ausgewachsen, hatte sechs Kilometer Fußweg über die Grenze vor sich. Er versuchte das Monstrum auf der Schulter zu tragen. Es war alleine ein Kraftakt, es hochzuhieven. Zudem war der Koffer mit drei umlaufenden Latten verstärkt, deren mittlere ihm schmerzhaft tief in die Schulter drückte. Wollte er ihn weiter vorn oder hinten postieren, kippte er weg, weil die Arme des Jungen nicht bis oben reichten, um ihn sicher zu fassen. Es gab nur eine Möglichkeit, den Koloss zu schleppen: hochkant vorm Bauch. Wie er diese Tortur überstand, wusste er später selbst nicht mehr. Es musste sein und irgendwie ging es auch.

Jede seiner Routen hatte ihre Besonderheiten, die Hans mit der Zeit kannte. Wenn er in Teistungen den Bahnhof verließ, überquerte er die Straße, passierte ein Feld und ging ein Stück den Berg hinab. Links befand sich ein Wachturm und rechts, etwas weiter weg, ein zweiter. Hier führte ihn sein Weg bergauf. Oben angekommen, hatte er etwa 50 Meter bis zur Grenze vor sich. Um diesen Abschnitt ungesehen und lautlos zu überwinden, gab es nur eine Möglichkeit: Sich flach auf den Bauch legen, vorsichtig vorwärtsrobben und die Fracht Stück für Stück vor sich her schieben. Im Sommer gab es in der Nähe einen großen Strohhaufen, in dem er nächtigte, nicht selten zusammen mit anderen Grenzgängern.

Zu dieser Zeit existierten noch keine Grenzzäune, keine Minenfelder und dergleichen. Nur jene Wachtürme. Sie waren ausgestattet mit Scheinwerfern und ab und zu fielen Schüsse. Nur ein einziges Mal war Hans erwischt worden. Es war in der Nähe von Eisenach. Er befand sich auf dem Rückweg und war ohne Gepäck unterwegs, sodass ihm nichts weggenommen werden konnte. Die Sache ging glimpflich ab. Man sperrte ihn zwei Tage ein, stellte allerhand Fragen, verdonnerte ihn zum Schrubben der Klosetts in der Russenkaserne und ließ ihn wieder laufen. Das Verheerende an diesem Zwischenfall waren nicht der Arrest, die Fragen und die Klosetts, sondern der Kohldampf und dessen Folgen. Auf dem Weg zum Bahnhof stand ein Baum voller grüner Äpfel, mit denen Hans seinen leeren Bauch vollstopfte. Die Wirkung war katastrophal.

Dass der Vorfall bei Eisenach erträglich ablief, hatte möglicherweise mit Sergej zu tun. Sergej Anissimow gehörte zu jener Truppe, die in Hans' Dorf einquartiert war. Er war zuständig für den Fuhrpark. Im zivilen Leben war er Ingenieur und hatte zwei Söhne. Wenn Hans nicht gerade auf Grenztour war, spielte er mit Sergej Anissimow Schach. Nebenher hatte der Junge ein paar Brocken Russisch gelernt, was ihm nicht nur in der Schule zugutekam, sondern offenbar auch in Eisenach.

Einen Verbündeten fand Hans unter anderem in Dr. Wernert, einem Arzt, der sich um die Mutter kümmerte. In Leinefelde gab es eine Fabrik, die Medizinbedarf herstellte. Jedes Mal, wenn Hans' Tour übers Eichsfeld gehen sollte, bescheinigte ihm der Doktor, dass er dort Material abholen müsse. Dieses Schreiben berechtigte ihn, eine Fahrkarte nach Leinefelde zu lösen.

Den Leuten im Dorf blieben Hans' Unternehmungen nicht verborgen. Da war Fred, der gern seine Verwandten, drüben auf der anderen Seite, sehen wollte. Fred fragte unverhohlen, ob Hans ihn einmal mitnehmen würde. Schwieriger war das bei Polizeikommissar Geretz. Der hatte wochenlang herumgedruckst. Letztlich nahm er jeden einmal mit und brachte sie heil wieder nach Hause. Seine letzte Tour gen Westen unternahm Hans im Sommer 1947. Für Mutter Helene hatte Dr. Wernert einen Krankentransportschein ausgeschrieben und sie reiste im Rot-Kreuz-Waggon über die Grenze.

Als er wieder in das Thüringer Dorf zurückkehrt, ist Hans ein alter Mann. Er besucht die letzten verbliebenen Schulkameraden und betrachtet Grabsteine. Er erzählt von seinen Grenzgängen in früheren Zeiten, von Mutter Helene, seinen Geschwistern. Und von Sergej Anissimow, dessen Söhne ungefähr in Hans' Alter waren. Und dass ihm Sergejs Worte zeitlebens im Gedächtnis geblieben sind: „Meine liebe Kans, ich wünsche mir, dass nie wieder Krieg kommt. Es wäre furchtbar, wenn wir zwei aufeinander müssten schießen."

Der gruselige FI-Schalter

Das Sofa in meinem neuen Wohnzimmer ist mit Folie abgedeckt. An der nackten Betonwand stehen drei Rollcontainer. Neben der Matratze im Schlafzimmer, auf der ich seit ein paar Nächten campiere, stapeln sich Umzugskartons, Körbe und Taschen mit meinen Habseligkeiten. Aufräumen heißt, alles von einer Ecke in die andere schieben. Und zwar so, dass ich den Tapeziertisch, die Tapetenrollen, Leiter und Maler-Equipment dort postieren kann, wo ich es aktuell brauche. Beim Leimeimer achte ich inzwischen darauf, dass er keinesfalls vor der Leiter steht. Nicht, dass wieder mein Fuß darin landet, wenn ich rückwärts von der Leiter steige. Das war eine ziemliche Schweinerei, als mir das vorgestern passierte.
Ich klopfe mir nach jeder angeklebten Bahn auf die Schulter. Gegen 22.00 Uhr beschließe ich, ein paar kleine, möglichst lautlose Arbeiten zu verrichten. Ich will ja als Neuling in diesem Haus nicht gleich bei den Nachbarn anecken. Also ran an die Fensterlaibungen! Das ist echte Strafarbeit, ebenso wie die Flächen hinter den Heizkörpern und rund um die Steckdosen. Damit ich nicht in Versuchung komme zu fluchen oder gar zu verzweifeln, lege ich ein Hörbuch in mein kleines grünes Kofferradio mit CD-Player. Eine skurrile Verwechslungsgeschichte. Ich muss zweimal messen, wie breit die Tapetenstreifen sein müssen, weil ich mich wegschmeißen könnte vor Lachen. Macht nichts! Das Wichtigste, was ich hier brauche, sind nicht Tapete, Leim, Leiter und all die Dinge. Das Wichtigste ist Humor, mit dem ich mich aus dem Hörbuch tränke wie die Tapete mit dem Leim. Besser mehr als zu sparsam!
Die Streifen für die Fensterlaibungen sind geschnitten, exakt 14 Zentimeter breit. Ich hieve den Leimeimer unterm Tisch hervor und finde den Pinsel zum Einkleistern nicht. Vielleicht im Bad?

Leimeimer abstellen und Hörbuch auf Pause. Ich will schließlich nichts verpassen. Ich steige über den Wischeimer und trete versehentlich auf die blecherne Kehrschaufel, deren Inhalt durch die Luft fliegt. Es klappert gewaltig. Ob nächtliches Kehrblech-Scheppern als Lärmbelästigung gilt?

Der Leimpinsel liegt im Waschbecken. Los jetzt! Schnell noch die drei Streifen ums Fenster kleben und dann Durchblick schaffen in diesem Wirrwarr! Hörbuch auf „weiter“.

Warum sind eigentlich die Fensterlaibungen im Plattenbau schräg und nicht rechtwinklig, wie in anderen Häusern? Die Bastelei in den Ecken ist nervig. Egal! Ich muss da jetzt durch, wie Tausende andere vor mir und sicher nach mir. Nicht nachdenken, sondern machen!

Mit jedem Schritt heften sich weitere Tapetenschnipsel an die Sohlen meiner Maler-Turnschuhe, beim Laufen ziehe ich Abfallstreifen hinter mir her. Nur noch das letzte Stück oben quer ankleben, die Ecken zufriemeln und anschließend das Chaos beseitigen!

Ich steige auf die Leiter, die eingeleimte Tapete über meinem linken Unterarm, den Leimpinsel in der rechten Hand, die Lesebrille (wegen der Ecken) im Mund. Es kippelt ein bisschen, weil sich das Malervlies am Boden zusammengeschoben hat und die Leiter mit einem Fuß auf der dicksten Stelle steht. Nein, deswegen steige ich jetzt nicht noch mal runter, muss ich halt aufpassen. Ich stütze mich mit dem Handgelenk ab, um im Gleichgewicht zu bleiben. Der CD-Player erzählt mir, wie es einen verliebten Mittvierziger in ein fremdes Bett verschlägt. Es ist aber nicht das seiner Angebeteten, sondern ...

KNACK! Zappenduster! Stille!

Oh nein! Das darf nicht wahr sein!

Ich verharre in starrer Haltung auf der wackeligen Leiter, mit meinen Utensilien überm Arm, in der Hand und im Mund.

Nicht nur in der Stube sind die Glühbirnen erloschen, auch in der Küche, im Bad und im Flur. Das muss dieser mysteriöse FI-Schalter gewesen sein. In diesem gruseligen Sicherungskasten hinter der Blechtür in der Küche. Darin hatte es gestern einige Male bläulich geblitzt, als die Monteure meine neue Küche einbauten und die Geräte anschlossen. Mir war fast das Herz stehen geblieben. Als sie gingen, versprachen mir die Jungs in die Hand, dass alles in Ordnung sei und es ganz bestimmt nicht wieder blitzen würde im Kasten. Und überhaupt sei das heutzutage alles ungefährlich, denn wenn was sei, käme der FI-Schalter. Ich hatte gehofft, dass ich dieses Türchen niemals würde öffnen müssen.
Ich verharre stocksteif auf der Leiter. Es knackt erneut, aber diesmal ganz leise. Und es klimpert. Das ist der Bügel meiner Lesebrille, der zwischen meinen Zähnen geborsten ist, weshalb meine Restbrille an der Aluleiter herunterpurzelt. Klick, klack, klack. Ich spucke den Rest des Brillenbügels aus. Der monetäre Schaden hält sich in Grenzen. Es war eine Sehhilfe aus der Drogerie, von denen ich gleich vier Stück gekauft hatte, um im Bedarfsfall irgendwo eine zu finden. Jetzt erst mal ruhig bleiben, durchatmen und sicher von der Leiter herunterkommen. Wenn wenigstens der Mond durchs Fenster scheinen würde!
Ich lasse den Leimpinsel fallen, um die rechte Hand frei zu bekommen, und steige vorsichtig hinab. Geschafft! Ein Schritt zurück. Hier rutscht was. Der Pinsel? Hauptsache, ich erwische nicht wieder den Leimeimer. Ich versuche einen Schritt durch mein Chaos zu gehen. Es scheppert erneut. Schon wieder die bekloppte Kehrschaufel! Weil der zweite und dritte Versuch eines Schrittchens ebenfalls Geräusche verursachen, begebe ich mich in den Vierfüßlergang und krieche hin zum Balkon. Ruhig bleiben! Zigaretten und Feuerzeug ertasten! Und nachdenken!

Es sind mindestens zwei Taschenlampen mit eingezogen, eine davon habe ich heute erst gesehen. Wo war das nur? In einem der drei Rollcontainer? Ich mache meinen Schlachtplan: Taschenlampe suchen. Mir einen Weg in die Küche bahnen. Den Sicherungskasten öffnen. Und dann? Wenn ich nur nicht solchen Bammel hätte vor allem, was mit Strom zu tun hat. Jetzt wünschte ich mir ehrlichen Herzens, ich wäre ein Mann. Den meisten scheint der problemlose Umgang mit solchen Sachen in die Wiege gelegt worden zu sein. Zumindest habe ich noch keinen erlebt, der Angst vor einem Sicherungskasten hat. Das hilft mir aber jetzt nicht weiter. Ich werde nicht hoppla hopp zum Mann und treibe auf die Schnelle auch keinen auf.

Ich versuche, nicht an die Blitze im Blechkasten zu denken und beginne mit den ungefährlichen Dingen. Ich robbe durch das Zimmer in Richtung der Rollcontainer. Die stehen irgendwo an der Wand, wo genau, weiß ich nicht. Jeder verfügt über sechs Schubkästen. Eines dieser Dinger ist mit Vorsicht zu genießen, weil eine der vier Rollen nicht rollt, sondern lose darunter liegt. Ich patsche mit der Hand in eine Leimpfütze und wische das glibberige Zeug an die Hose. Wie gut hat es doch die Natur eingerichtet, dass Kinder die Fortbewegung in der komplizierten Welt auf allen vieren erlernen.

Ich arbeite mich zum ersten, zweiten und dritten Rollschränkchen durch. Die Taschenlampe findet sich im dritten, in der letzten Schublade. Ich knipse sie an, knipse noch mal und noch mal. Es wird kein Licht. Dafür geht mir ein Licht auf: Die Batterien sind leer. Der ganze Weg vergeblich! Ich könnte heulen. Ich denke: Wenn du dich schon fortbewegst wie ein Krabbelkind, darfst du auch mal weinen wie ein Krabbelkind. Es tut gut, bringt mich aber nicht weiter.

Ich wische mir die Tränen ab und den Rotz (oder ist es Tapetenleim?) und robbe zurück zum Balkon. Noch eine rauchen und einen neuen Schlachtplan erstellen. Ich beschließe, mein Feierabendbier vorzeitig zu öffnen. Zum Glück muss ich nicht nach einem Flaschenöffner suchen, denn ich beherrsche es, eine Flasche mithilfe einer weiteren zu öffnen. Das habe ich in frühester Jugend gelernt. Im Gegensatz zum Umgang mit Strom, Sicherungskästen und ähnlich gefährlichen Dingen. Und dem Umgang mit Männern, sonst stünde mir in diesem Schlamassel wahrscheinlich ein Exemplar zur Verfügung.

Wie war das früher? Da fiel öfter der Strom aus. Damals hatten wir eine Taschenlampe mit Flachbatterie, die lag im linken Schubkasten vom Küchenbuffet. Daneben die Stearinkerzen und Streichhölzer. Alles griffbereit.

Kerzen habe ich, aber die sind in der Weihnachtskiste im Keller. Die Teelichte aber nicht, die müssen in einer der 18 Schubkästen sein. Und der dazugehörige Leuchter. Der Geistesblitz hellt meine Stimmung schlagartig auf und in Gedanken zitiere ich Egon Ohlsen: „Ich habe einen Plan." Ich brauche erstens einen neuen Anlauf, zweitens die Teelichte und drittens den Teelichte-Leuchter. Streichhölzer brauche ich nicht, denn auf dem Balkon liegen zwei Feuerzeuge.

Auf geht's! Ich krieche erneut die nun schon vertraute Strecke zu den Schränkchen mit den Schubladen. Mein Selbstbewusstsein macht einen olympiaverdächtigen Sprung, als ich sowohl Teelichte als auch Leuchter finde. Das Feuerzeug habe ich in weiser Voraussicht in die Hosentasche gesteckt. Es ist mit Leim beschmiert, funktioniert aber trotzdem. Im Nu leuchten sieben kleine Lichter.

Stolz über die selbst erschaffene Beleuchtung schreite ich zur nächsten Tat. Ich halte meinen Leuchter wechselweise nach

Ab den 1970er-Jahren entstanden in vielen Städten neue Wohngebiete in Plattenbauweise wie hier in Suhl.

unten, in die Mitte, nach oben, nach rechts und nach links, finde den Weg zum gefürchteten Sicherungskasten und öffne mutig die Blechtür. Aber beim Blick auf die vielen Schalter geht mein frisch gefasster Mut den Bach hinunter. Ich entziffere die Beschriftungen: Licht Wohnzimmer, Herd, Steckdosen Bad, Waschmaschine ... Unten rechts: FI. Die Männer hatten gesagt: „Wenn was ist, kommt der FI." Und den müsse man einfach umschalten. In der Tat zeigt der in eine andere Richtung als alle anderen. Das muss er sein. Und ich sollte ihn einfach nur umlegen.
Zögerlich nähert sich meine rechte Hand dem Ort der Gefahr. Ich ziehe sie wieder zurück, schimpfe mich innerlich „feige Kuh", lange erneut nach vorn. Bis kurz vor den Schalter. Mein Herz

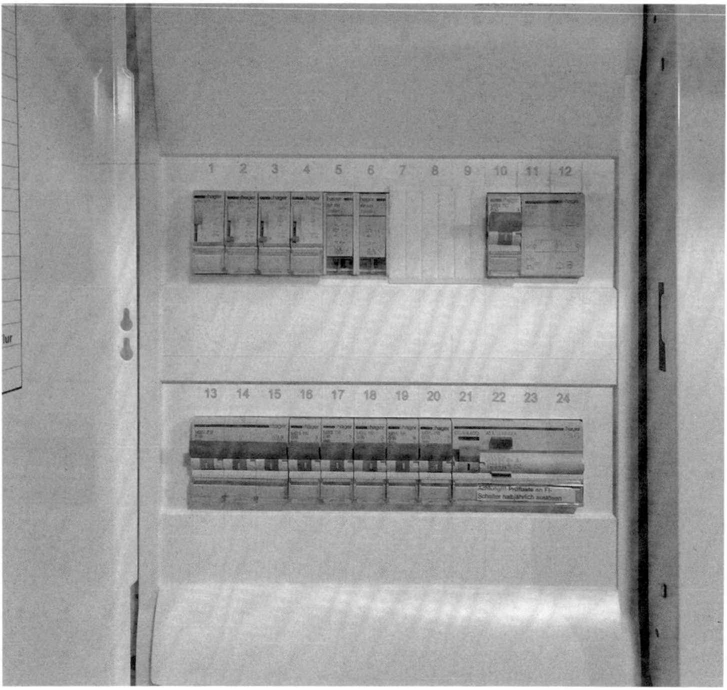

Blick in den gespenstischen Sicherungskasten.

wummert, der Leuchter in meiner Linken vibriert. Ganz deutlich sehe ich wieder die blauen Blitze vor mir. Nein, ich fasse das nicht an! Nicht mit bloßen Händen!

Ich brauche irgendwas, womit ich den Schalter nach oben drücken kann. Irgendwas aus Holz oder Plaste. Die Tapetenschere kommt nicht infrage, die hat nur einen Plastegriff, der Rest ist aus Metall. Das Messer ebenso. Vielleicht der Zollstock? Verdammt, wo ist der? Aber wahrscheinlich ist der auch nicht geeignet, denn die Gelenke sind aus Metall. Mein Turnschuh? Nein, der ist zu biegsam. Vorsichtig pilgere ich durch die Wohnung. Im Bad finde ich die Handbürste. Das ist die Lösung!

Bewaffnet mit Leuchter und Plaste-Bürste schleiche ich zurück in die Küche. Mein Blick fällt auf das schummrige Spiegelbild in der Balkontür. Es fehlt nur ein langes weißes Nachthemd und die Schlafmütze, dann sähe ich aus wie Onkel Fritze vom Wilhelm Busch. Der mit den Krabbelkäfern. Ich hoffe inständig, dass es nicht kribbelt oder krabbelt, wenn ich mein Vorhaben ausführe.
Ich trete vor den Sicherungskasten, Kopf hoch, Schultern nach hinten, und bringe die Bürste in Position. Ich kneife die Augen zu und drücke die Bürste mit einem waghalsigen Ruck nach oben. Es knackt. Und es ist Licht! Und ich bin noch am Leben.
Ich verharre im hell erleuchteten Raum und spüre, wie mir die Tränen übers Gesicht kullern. Ich könnte herumhopsen vor Freude und fühle mich, als hätte ich gerade einen gigantischen Sieg errungen. Habe ich ja auch! Ich puste die Teelichte aus und platziere den Leuchter samt Feuerzeug auf dem Fensterbrett. Für alle Fälle. Auch die Bürste, mit der ich vorhin die Schere gereinigt hatte, lege ich dazu. Plötzlich stockt mir der Atem. Die Bürste ist noch tropfnass!

In der Finsternis

Hinter den Fenstern wird es dunkel. Eine Straßenlaterne schimmert fahl herüber, ihr Schein verliert sich in den Schieferfassaden. Das Windlicht auf unserem Tisch hat die Wirtin mit den Gläsern abgeräumt, im Restaurant ist Feierabend. Wir reden miteinander wie alte Freunde, dabei hätten wir niemals ein Wort gewechselt, wenn uns nicht die Dunkelheit zusammengeführt hätte. Die Dunkelheit und Volker.

Sechs Stunden zuvor: Wir sitzen in der Nachmittagssonne auf der Terrasse in Schmiedefeld. Wer hinzukommt, setzt sich an einen unbesetzten Tisch, beäugt oder ignoriert die anderen.

Da ist die schlanke Blonde, deren rote Sandalen so gar nicht zu ihrer grün-weißen Tasche passen. Der Mann neben ihr, mit grauem Stoppelbart, könnte ihr Vater sein. Oder sie steht auf reife Männer.

Die Gruppe in der Ecke dominiert eine ältere Frau, deren geblümte Bluse ihre Korpulenz betont. Sie streicht auf ihrem Handy herum und kommentiert Fotos. Auf dem Unterarm trägt sie ein farbiges Tattoo. Ich muss aufpassen, dass ich nicht ständig hinstarre. Ich mag Tattoos nicht! Dass Christoph damit liebäugelt, passt mir nicht. Es war mir schon schwergefallen, mich an seinen schwarzen Kleidungsstil zu gewöhnen.

Ich frage mich, was die anderen über uns beide denken. Ich trage Rot und Dunkelblau, Farben, die zu mir passen. Nur meine Haare hätte ich nachfärben sollen, weil der silbrige Ansatz sichtbar ist.

Ein schwarzer Mercedes parkt ein. Die Bässe dröhnen. Der Fahrer stellt den Motor ab, lässt jedoch die Fenster geöffnet. Sämtliche Blicke sind auf seinen Benz gerichtet. Und auf den jungen Snob, der dem Wagen in selbstherrlich wirkender Pose

Außenansicht des Restaurants in Schmiedefeld mit Gartenterrasse, auf der die Geschichte beginnt und endet.

entsteigt. Ein Typ mit Gel-Frisur und einem Shirt mit fürchterlichem Aufdruck. Ich hoffe, dass der Schnösel nicht zu unserer Gesellschaft gehört. Dann lieber das mausgraue Paar vom ersten Tisch. Die beiden zählen zu jenen Menschen, die man übersieht, Unsichtbare eben.
Gegen halb sechs gehen wir in unser Hotelzimmer. Christoph wechselt sein T-Shirt, weil das bisherige einen floureszierenden Aufruck hat. Ich schlüpfe aus den blauen Pumps und ziehe flache schwarze Schuhe an, weil ich mich darin sicherer fühle. Etwas peinlich sind die mir schon. Kurz vor sechs treffen sich alle 14 Teilnehmer im Restaurant. Die Tattoo-Frau mit ihrer Gesellschaft gehört dazu. Außerdem die Blonde mit den roten Sandalen, ihr grauhaariger Begleiter und die beiden Unsichtbaren. Der Schnösel ebenfalls.

Die Wirtin bittet uns, Jacken und Taschen abzugeben, fragt nach Unverträglichkeiten und versichert, dass wir keine Kleckerlätzchen brauchen. Unten in der Dunkelheit, sagt sie, betreue uns ein blinder Kellner namens Volker. Jeder von uns bekommt eine Nummer zugewiesen, die ihm die Zuordnung unserer Plätze ermöglicht. Ich bin für die nächsten drei Stunden die Nummer 13. Ein mulmiges Gefühl beschleicht mich, als wir die Treppe hinabsteigen. Werde ich Panik schieben? Wein über meine rote Hose schütten? Vor der Tür zur Finsternis steht „der Blinde", dessen Namen ich schon wieder vergessen habe.
Ich denke an alltägliche Begegnungen mit Blinden. Gelbe Armbinde mit drei schwarzen Punkten, weißer Stock, dunkle Brille. Solche Kontakte verunsichern mich, denn egal, welchen Blick ich ihnen zuwerfe – freundlich, mitleidig, neugierig – er wird nicht erwidert. Es gibt keine Kommunikation. Fremde bleiben fremd. Niemals hätte ich es gewagt, Blinde auf der Straße anzusprechen. Ich bleibe in meiner Welt und sie in ihrer.
Vorm Eintritt in die Dunkelheit hat jeder aus unserer zusammengewürfelten Gruppe mit sich zu tun. Der Blinde begrüßt uns und stellt sich vor. Volker. Ich erinnere mich, dass sein Name zuvor schon gefallen war. Bevor er uns in Minipolonaisen in die Finsternis führt, fragt er jeden nach Nummer und Namen. Dann wird es Nacht.
Volker führt meine Hand an die Stuhllehne. Ich setze mich und wage nicht, mich zu bewegen. Ich weiß nicht, wer neben mir sitzt, wie groß dieser Tisch, dieser Raum ist. Vor allem aber weiß ich nicht, wie ich es hier drei Stunden aushalten soll.
Den Geräuschen entnehme ich, dass inzwischen alle auf ihren Plätzen sitzen. Unmittelbar neben mir höre ich Volker sagen: „Sabine und Christoph, ihr sitzt euch gegenüber. Reicht euch mal die Hände." Wir befühlen den leeren Tisch, finden unsere

Volker Schmidt ist seit seiner Kindheit blind. Nebenberuflich arbeitet er als Kellner und nimmt die Gäste mit in seine Welt.

Hände und drücken sie einander fest und lange. Viel länger als gewöhnlich. Wir sind nicht Nummer 12 und 13, sondern auch hier Sabine und Christoph. Volker spricht jeden mit Namen an. Gisela, Patrick, Tom, Emilia, Monique, Egbert, Hans-Dieter, Brunhilde, Christina ...

Ich versuche mir die Leute vorzustellen, die ich zuvor gesehen hatte. Sind Gisela und Hans-Dieter das mausgraue Paar? Ist Monique die mit den roten Sandalen? Tom der Schnösel? Außer unseren beiden Namen weiß ich nur zwei zuzuordnen: Brunhilde, die redselige Tattoo-Oma, und Volker, unseren Kellner.

Volker spricht alle mit „du“ an. Wir ebenso. Das schafft Vertrauen in der Finsternis. Er kündigt an, wie der Abend ablaufen wird, dass er etwas über sich selbst und über das Leben in Blindheit im Allgemeinen erzählen werde. Außerdem sollten wir uns nicht scheuen, Fragen zu stellen. Er hat eine sympathische Stimme, redet deutlich und in angenehmer Lautstärke. Wenn er spricht, hält sogar Brunhilde den Mund.

Wenig später steht er dicht neben mir, wie aus dem Nichts heraus, und fragt, was ich trinken möchte. Kurz darauf führt er meine Hand ans Glas. Es ist standsicher, gut fassbar und ich bedanke mich. Meine Tischnachbarin, sie heißt Emilia, spricht mit leichtem Akzent. Ich fragte sie, woher sie stamme. Aus Karpacz, sagte sie, in Polen.

„Karpacz?“ Wenn es nicht dunkel wäre, könnte man sehen, dass sich mein Gesicht aufhellt. „So ein Zufall! Dort war ich mal als Jugendliche, ist schon ewig her.“

An Emilias Stimme höre ich, dass sie sich freut. Noch mehr, als ich ihr sage, dass ich aus Jena komme. „Aus Jena? Das gibt's doch nicht! Ich habe in Jena studiert.“

Während wir plaudern, kommt der ersten Gang. Es sind drei verschiedene Vorspeisen, was genau, wissen wir nicht. Volker gibt mir den Löffel in die rechte Hand, in die linke eine Serviette. Irgendwer ist Linkshänder. Wer, weiß ich nicht. Volker schon: „Ach ja, bei dir kommt das Besteck auf die andere Seite.“

Ich betaste nicht nur den Teller – es ist ein viereckiger – ich befühle vorsichtig, was drauf ist. Gemeinschaftlich rätseln wir, was wir gerade essen. Einig sind wir uns nur in einem: Es ist schmackhaft. Mit Hauptgang und Dessert läuft es ähnlich ab. Wir wissen nur, welche Fleischsorte wir haben, aber nichts über die Beilagen. Mir fällt auf, dass ich noch nie so langsam und so bewusst gegessen habe.

Er sei nicht von Geburt an blind, erzählt Volker, als Kind habe er sehen können. Deswegen könne er sich viele Dinge und Farben vorstellen. Seit Kurzem verfüge er über ein Farberkennungsgerät, das ihm Farbtöne ansagt. So könne er sichergehen, dass er zur Hose das passende Hemd anziehe. Was ist eigentlich schlimmer? Zu erblinden oder nie gesehen zu haben? Diese Frage zu stellen, traue ich mich nicht.

Wir erfahren, dass Volker hauptberuflich in einem Krankenhaus arbeitet, und ich bin mir sicher, dass er Masseur sein muss. Von wegen. Er sagt, dass er Schreibarbeiten verrichtet und dass sein PC nur einen winzigen Monitor hat und der ist für den Systemtechniker. Wie kann das gehen, möchte ich fragen. Ich frage nicht.

Christoph fachsimpelt mit jemandem über Heavy Metal. Er heißt Patrick und sagt, er sei 30. Soll der etwa „der Schnösel" sein? Der ist ja richtig nett und was er sagt, klingt überhaupt nicht arrogant.

Wenn Volker nicht gerade erzählt, erfahren wir das meiste über Brunhilde. Ein bisschen nervig ist sie, doch immerhin veranlasst ihr Gerede einen Mann namens Egbert zu witzigen Sprüchen. Mir gefällt sein trockener Humor. Ich weiß nicht, ob ich Egbert im Hellen wahrgenommen hatte. Das ist mir aber egal, denn ich höre ihm gern zu.

Ich ertappe mich bei einem seltsamen Gedanken: Wie wäre es, wenn keiner etwas sähe? Keine passende oder unpassende Kleidung, keine Haarfarben, keine Tattoos, keine Automarken, kein Make-up, keine Falten, keinen Schmuck. Wovon wäre der berühmte erste Eindruck geprägt? Wie viel Zeit wenden wir für Äußerlichkeiten auf? Und wie anders würden wir Menschen miteinander umgehen?

Volkers Schritte sind nicht zu hören, doch diesmal weiß ich, dass er neben mir steht. War da ein leichter Lufthauch? Oder spüre ich die Wärme seines Körpers? Sehr leise spreche ich ihn

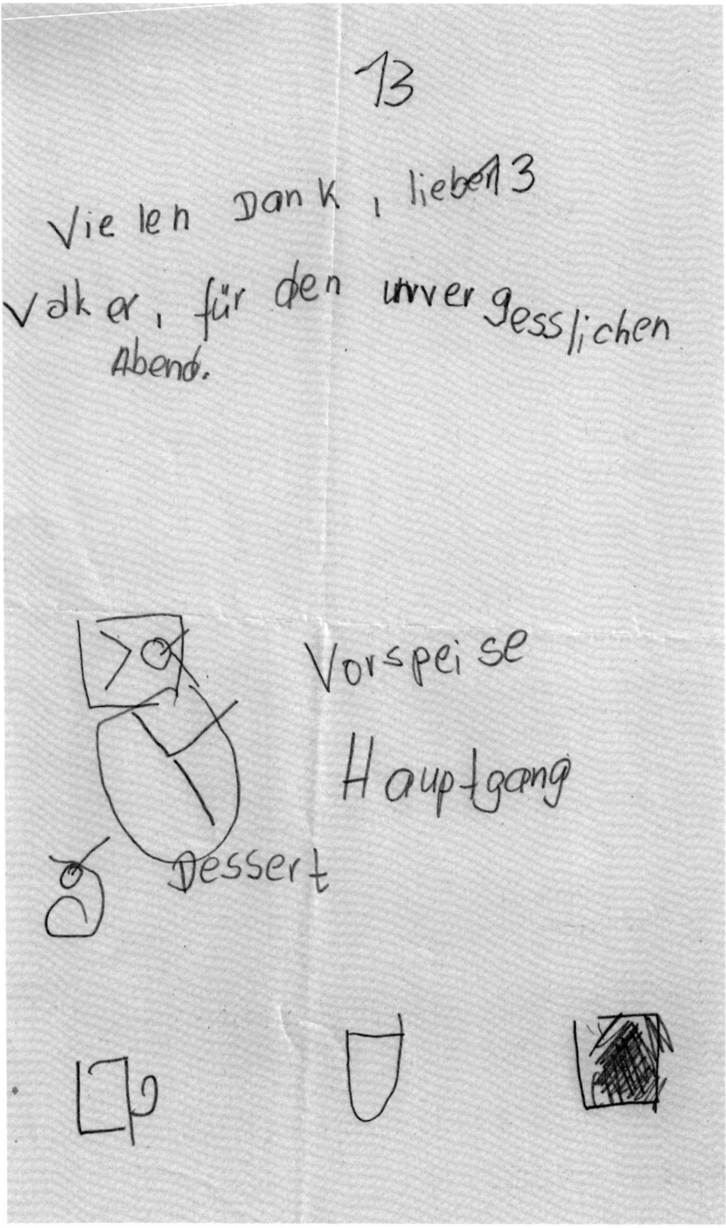

Es ist gar nicht so leicht, im Dunkeln etwas zu Papier zu bringen.

an. Er antwortet ebenso leise und bringt mir kurz darauf ein Glas Wein. Er hat warme, glatte Hände.Wie alt mag er sein? Ihn zu fragen, traue ich mich nicht.
Ein paar Leute wollen zur Toilette. Volker bringt sie hinaus und wieder herein. Plötzlich begreife ich, was mich die ganze Zeit über so irritiert: Hier im Stockdunklen sind wir die Hilflosen. Und er, Volker, begleitet, bedient und beschützt uns in seiner Welt. Wir sind auf ihn angewiesen, vertrauen ihm. Blindlings! Die Dinge haben sich ins Gegenteil verkehrt.
Zum Schluss verteilt Volker Papier und Bleistifte. Er bittet uns, etwas zu malen. Derweil spricht er mit diesem und jenem, fragt Christoph nach dessen Motorrad, mich nach den Saale-Burgen. Er sieht mir meine Überraschung nicht an. Woher weiß er das alles, nach dieser kurzen Zeit? Ich habe mich über 1000 Dinge unterhalten und die Hälfte schon wieder vergessen. Kann es sein, dass Leute wie er genauer zuhören?
Ich versuche, das Geschirr und die Gläser zu zeichnen und einen Dank an unseren Kellner aufzuschreiben. Als er uns nacheinander wieder ins Helle geleitet, fällt mir auf, dass die Zeit wie im Flug vergangen ist und dass ich es leicht länger ausgehalten hätte. Egbert, den Mann mit dem trockenen Humor, erkenne ich an seiner Stimme. Er ist der Mausgraue, „der Unsichtbare“.
Volker steht wieder dort, wo er uns vor drei Stunden empfangen hatte. Hinter ihm der dunkle Raum. Ich schaue ihn an und sehe einen vertrauten Menschen, den ich gern vieles fragen würde. Und der mich ein Stück mitgenommen hat in seine Welt.
Wir verabschieden uns und steigen die Treppe hinauf. Christoph winkt Volker im Gehen zu. Er kann es nicht sehen, aber vielleicht hat er es gespürt. Neun Teilnehmer steigen in ihre Autos. Fünf treffen sich wieder auf der Terrasse. Christoph und ich, Emilia, Peter und Patrick. Die Sonne verschwindet grade hinter

den Bergen. Wir reden miteinander wie gute Freunde. Emilia witzelt über ihre roten Sandalen. Die trägt sie eigentlich nur zum Autofahren und hatte glatt vergessen, ihre Schuhe zu wechseln. Mein Blick gleitet auf meine schwarzen Treter. Wir halten unsere Füße nebeneinander und schütten uns aus vor Lachen.
Patrick erzählt, dass sein Auto in der Werkstatt sei und bei diesem Leihwagen einiges anders ist als gewohnt. „Erst wusste ich nicht, wie die Sound-Anlage funktioniert, dann habe ich den Lautstärkeregler nicht gefunden. Das war mir vielleicht peinlich, als ich hier ankam!"
Peter ist Emilias guter Freund und schwul. Sein Verflossener hatte ihm diesen Dunkel-Restaurant-Gutschein geschenkt und kurz darauf war ihre Beziehung in die Brüche gegangen. Allein hatte Peter nicht hierherfahren wollen, so hatte er eben Emilia gefragt.
Die Wirtin hat Feierabend gemacht. Peter holt eine Flasche Wein aus dem Koffer und wir Zahnputzgläser aus unseren Zimmern. Patrick meint, er habe im Internet gelesen, dass die Teller mitunter abgeleckt in die Küche zurückkämen. Ich gestehe kleinlaut, dass ich manches ohne Besteck gegessen habe. Die anderen gestehen es auch. Sogar den Teller abgeleckt. Es sah ja niemand!
Wir unterhalten uns über den Abend, übers Essen, übers Blindsein. Wir rätseln über Volkers Arbeit und sein Alter. Ob es für ihn eher Fluch oder Segen ist, wenn er weiß, was Sehen ist? Ich wünsche mir, er säße jetzt noch ein Weilchen mit uns zusammen. Vielleicht würde ich diese Fragen jetzt stellen. Vielleicht aber auch nicht. Es ist nach Mitternacht, als wir uns voneinander verabschieden.
Ich glaube, wenn ich demnächst einen Menschen mit gelber Armbinde auf einer Bank sitzen sehe, werde ich mich hinzugesellen und sagen: „Hallo, ich heiße Sabine."

Nächtliche Marderjagd

Großvater saß in der Nachmittagssonne im Hof und dengelte die Sense. Er hat mir erzählt, dass wieder kleine Karnickel angekommen sind, die er mir zeigen würde, wenn er ausmisten geht. Seitdem nervte ich ihn, wie lange es noch denn noch dauert und wann wir endlich zum Karnickelstall gehen würden. „Immer eins nach dem andern", brummelte er und sagte, ich könne ja derweil die Hühner füttern.

Es war Mitte der 60er-Jahre und ich fünf Jahre alt. Meine Großeltern wohnten nur ein paar Minuten entfernt in einem uralten Haus. Wann immer mir danach war, ging ich zu ihnen, und wenn es sich anbot, blieb ich über Nacht und schlief mit in ihrem Bett. Sie lebten in bescheidenen Verhältnissen, hatten außer den Kaninchen und Hühnern eine Katze, einen Hund und manchmal ein Schwein. Dazu einen Garten und einen kleinen Acker, den sie im Zuge der Bodenreform bekommen hatten. Ich war bei Oma und Opa quasi zu Hause, Langeweile kam nicht auf.

Hühner füttern mochte ich. Ich wusste, dass man die Körner weit ausstreuen musste, damit die Hennen was zu tun hatten. So ging ich ins Waschhaus, deckte den großen Steinguttopf auf und füllte das „Halbliter" (ein Halb-Liter-Maß aus Aluminium) mit Futter. Dabei huschte etwas über meinen nackten Fuß, es wird wohl eine Maus gewesen sein. Mäuse gab es viele in dem alten Haus, nur ins Futterfass durften sie nicht gelangen. Deswegen hatten mir die Großeltern eingetrichtert, dass ich den Deckel ordentlich drauflegen musste. Auf dem Hof warf ich das Futter mal hierhin, mal dorthin und fand es lustig, wie die Hühner hin- und herrannten. Zwischendurch ließ ich die glatten, kühlen Körner zwischen meinen Fingern hindurchrieseln. Manchmal fatschte es warm und weich unter meinen Füßen, das war aber nichts

Schlimmes, nur frische Hühnerkacke. Eigentlich war an diesem Tag alles wie immer. Trotzdem hatte ich das Gefühl, dass irgendwas nicht stimmte.
Opa saß nach wie vor auf der Dengelbank und klopfte mit dem Hammer auf die Sense ein. Also beschloss ich, erst mal zu Oma in die Küche zu gehen. Vor der Tür stand ein Eimer, aus dem es herrlich duftete. Es war ein Gemisch aus gekochten zerdrückten Kartoffeln und Kleie, Karnickelfutter. Schwupps, stopfte ich eine Handvoll davon in den Mund. Oma sah's ja nicht. Sie saß gerade am Küchentisch und schnitt dunkles Brot in kleine Würfel. Hühnerbrot, auch so eine Köstlichkeit. Ich langte eifrig zu. Anders als sonst kam diesmal nicht der Spruch, ich solle meine Zappelfinger besser wegnehmen, damit sie mir die nicht mit abschneide. Sie sagte überhaupt nichts, mochte nicht singen und auf mein Geplapper antwortete sie nur mit „hm". Zwischendurch wischte sie mit dem Handrücken über ihre Augen.
„Was ist denn nur los?", löcherte ich sie.
„Ach nichts, meine Kleene."
Ich ließ keine Ruhe, bis sie mit der Sprache rausrückte: „Unser Kickerhahn ist tot."
„Der Kickerhahn ist tot?", wiederholte ich ungläubig ihre verzweifelte Botschaft. Plötzlich wusste ich, was beim Hühnerfüttern anders war als sonst. Der Hahn fehlte.
„Der Marder war im Hühnerhaus", sagte sie. „Und das verdammte Vieh kommt wieder, mitten in der Nacht."
Obwohl ich noch nie einen Marder gesehen hatte, wusste ich über ihn Bescheid. Immerhin hatte ich öfter die Leute über Marder reden gehört, wenn sich die Nachbarschaft zum gemeinschaftlichen nächtlichen Feldzug gegen die Bestie versammelte. Ich konnte mir die grausige Kreatur genau vorstellen: Der Marder, das ist ein nimmersattes Raubtier. Es bricht nachts

in Ställe und in Käfige ein und verschlingt alles, was es vor sein fürchterliches Maul bekommt. Vielleicht kommt es sogar in Stuben und Schlafzimmer und frisst Kinder. Ein Onkel hatte mal über eines dieser Ungeheuer gesagt: „Das war so ein Apparat!“, und hatte dabei seine Hände weit auseinandergehalten. Das Wort „Apparat“ hatte ich bis dahin nur aus dem Munde meines Opas gehört, wenn er sagte: „Immer das Gedudel. Stell nur mal den Apparat ab!“ Ich betrachtete das große Radio, das auf dem Tisch neben dem Kanapee stand. Die beiden Drehknöpfe erinnerten mich an Augen und die weißen Drücktasten an Zähne. So ähnlich müsste also ein Marder aussehen.

In der Nacht riss mich ein gackerndes Gezeter aus dem Schlaf. Es kam aus dem Hühnerhaus. Augenblicklich war ich hellwach und begriff: Der Marder ist wieder da, das Untier. Barfuß tapste ich über die Schlafzimmerdielen und kletterte auf die Kommode am Fenster. Mir gruselte. Ich traute mich nur, durch den Spalt unter dem grünen Rollo zu lunzen.

Ich sah Opa im gestreiften Schlafanzug, mit der Mistgabel bewaffnet, über den Hof hasten. Oma rannte im geblümten Nachthemd hinterher und schwang den eisernen Rechen. Kurz darauf erschien Nachbar Ernst in der langen Unterhose, eine Spitzhacke in der Hand. Hermann von gegenüber kam angeflitzt, er war ebenfalls mit einer Mistgabel ausgerüstet. Im Hühnerstall war ein Heidenspektakel, es krachte und rief und gackerte. Plötzlich hörte ich grausige Schreie und mir war klar, dass das Ungetüm mindestens so groß sein musste wie ein Schwein.

Mit einem Mal wurde es still. Ob sie den verhassten Kickerhahn-Mörder zur Strecke gebracht hatten? Starr vor Angst kniete ich auf der Kommode, blinzelte nach draußen und bangte. Hoffentlich hat das Vieh niemanden angefallen.

Endlich kamen alle unbeschadet vom Hühnerhaus zurück. Sie liefen langsam und redeten viel. Gestützt auf seine Waffen schlurfte einer nach dem anderen in Filzlatschen über den Hof. Großvater verkündete: „Jetzt gibt's aber noch 'n Schnäpsl auf das Vieh."
Keiner antwortete, alle starrten zum Hoftor. Halb verschlafen kam Nachbar Arno im Schlafanzug daher, in der Hand einen abgebrochenen Besenstiel. Es erschallte ein Riesengelächter. „Sag mal Arno, was willst du denn mit dem Stöckchen? Die Mäuse musst du nicht erschlagen, die haben den Hühnern nichts getan. Mäuse fangen die Katzen."
Ich verkroch mich wieder in Omas großem Bett. Meine Gedanken kreisten noch lange um den Marder und um die Helden, die ihn besiegt hatten.

Die possierlich aussehenden Tiere können Geflügelhaltern mitunter arge Probleme bereiten.

Am nächsten Morgen war es so weit. Ich würde erstmals in meinem Leben dieses gefährliche Scheusal sehen. Es sollte hinten auf dem Misthaufen liegen, aber allein traute ich mich nicht hinzugehen. Großvater nahm mich an die Hand. „Musst keine Angst haben, das Vieh ist tot." Mein Herz bubberte und ich hielt mich versteckt hinter seiner Manchesterhose. Vorm Misthaufen angekommen, nahm er mich auf den Arm. Voller Furcht vor dem Untier drückte ich mein Gesicht an Opas kariertes Hemd. Ich roch den vertrauten Duft von frischem Heu und Schweiß und fühlte mich sicher in seinen sehnigen Armen. Verstohlen wagte ich einen ersten Blick zum Misthaufen. Und war schockiert. Was da lag, war kein Schwein und kein Radioapparat. Es hatte keine tellergroßen Augen, wie die Hunde aus dem Märchen vom Feuerzeug. Und wo ich ein entsetzlich großes Maul erwartet hatte, war ein spitzes Schnäuzchen. Sollte dieses struppige Etwas tatsächlich eine gefährliche Bestie gewesen sein? Nun ja, zumindest die Zähne waren bedrohlich spitz.
Die nächtlichen Ereignisse machten im Dorf rasch die Runde. Arno hatte in jener Nacht zwar zur Marder-Jagd-Schnäppschen-Runde gehört, doch noch Jahre später wurde zu Geburtstagen, beim Schlachten oder am Stammtisch die Geschichte von den Mäusen und Arno mit seinem Stöckchen zum Besten gegeben.

Unter Gruftis

Sie hievt ihre karierte Reisetasche auf die Gepäckablage, hängt den guten Sommermantel an den Haken und setzt sich ans Fenster. Geschafft! Wegen der Umsteigerei in Göschwitz hat Anita die halbe Nacht kein Auge zugetan. In Gedanken sah sie sich hilflos herumirren auf der Suche nach dem richtigen Bahnsteig. Sah, wie ihr der Anschlusszug vor der Nase wegfuhr und sich selbst in der Hektik die Treppen hinabstürzen ... Aber alles ist gut gegangen. Sie schaut auf die große Bahnhofsuhr, noch vier Minuten bis zur Abfahrt. Erleichtert lehnt sie sich zurück und zündet sich eine Zigarette an.
Früher, als sie mit den Kindern in Urlaub gefahren sind, hat sich ihr Mann um alles gekümmert. Seit sie allein ist, verreist sie kaum noch. Nur wenn eines der Kinder sie mit dem Auto mitnimmt, oder ab und zu mit einer Bustour. Nun hat Marianne sie über Pfingsten eingeladen und sie hat die alte Freundin über zwei Jahre nicht gesehen. Marianne war Anfang 1990 nach München gegangen und vor einem Vierteljahr mit einem neuen Mann nach Weißenfels umgezogen.
Anita beobachtet einige Jugendliche, die eilig den Bahnsteig entlanglaufen und ihren Zug besteigen. Alle sind schwarz gekleidet, wahrscheinlich sind sie auf dem Weg zu einer Trauerfeier. Es wird doch wohl kein Freund gestorben sein? Schlimm, was heutzutage alles passiert! In Jena kommen weitere hinzu und lassen sich in Anitas Abteil nieder. Seltsam. Die wirken eigentlich nicht wie Trauernde, eher, als ob sie zu einem Maskenball wollten. Verstohlen mustert Anita die absonderlichen Gestalten. Schwarze Klamotten, rabenschwarze Haare. Einige mit weiß geschminkten Gesichtern, schwarzem Lippenstift und schwarz umrandeten Augen. Die Typen erinnern eher an Tote denn an

Lebende. Oder an Gespenster. Wie kann man bloß freiwillig so herumlaufen? Eine hat schwarze Tupfen auf die Wangen gemalt, die wohl Tränen darstellen sollen, und einen dünnen roten Strich unterm Mund, als ob da Blut herausliefe.

Bei jedem Halt steigen weitere dieser Gespenster zu. Zwei haben die Haare so hoch toupiert, dass sie nur mit gebeugten Köpfen durch die Abteiltür passen. Jemand trägt eine Kette mit einem Kreuz um den Hals, das aber verkehrt herum angehängt ist. Anita gruselt sich. So was hat sie mal im Fernsehen gesehen, sie hätte aber nicht gedacht, dass es das in Wirklichkeit gibt. In ihrem Dorf sind solche Gestalten jedenfalls noch nicht aufgetaucht. Sie ist heilfroh, als sie in Weißenfels endlich aussteigen kann.

Marianne kommt ihr winkend auf dem Bahnsteig entgegen, sie erkennt sie erst beim dritten Hinsehen. Ihre Freundin ist angezogen wie ein Kanarienvogel, ihre einst blonden Haare sind lila. Anita hat Mühe, ihr Entsetzen zu verbergen. Die beiden fallen sich in die Arme und begrüßen sich überschwänglich, doch das alte Gefühl der Vertrautheit will sich nicht einstellen. Der ganze Besuch ist ein glatter Reinfall! Nicht nur, weil Anita Mariannes neuen Kerl arrogant findet, ihre gute alte Freundin hat sich völlig verändert. Die Neuigkeiten von zu Hause nennt sie Provinzklatsch und gemeinsame Erinnerungen Schnee von gestern. Sie spricht in bayerischem Dialekt und wirft mit unverständlichen englischen Begriffen um sich. Anita, so sagt sie, sei noch genauso „hausbacken“ wie früher und sie könne doch nicht mit der gleichen Dauerwellenfrisur herumlaufen wie vor zehn Jahren.

Am liebsten würde Anita vorzeitig heimfahren, aber dummerweise ist die Rückfahrkarte auf Montag datiert. So bleibt ihr nichts anderes übrig als durchzuhalten und sich nichts anmerken zu lassen. Marianne bringt sie wie geplant am Montag zum Bahn-

Diese Aufnahme entstand zum Wave-Gotic-Treffen im Jahr 2007, 15 Jahre später als die beschriebenen Pfingsttage. Inzwischen hatte sich nicht nur das Outfit der Beteiligten geändert, sondern auch deren Akzeptanz in der Öffentlichkeit.

hof, Anita bedankt sich für die Gastfreundschaft und atmet tief durch, als das Auto außer Sichtweite ist.
Auf dem Bahnsteig setzt sie sich auf eine Bank, stellt ihre Tasche neben sich und steckt sich eine Zigarette an. „Auch das noch“, stöhnt sie, als der Zug einfährt. Sie sieht bereits von draußen, dass er gerappelt voll ist. Voll von diesen furchtbaren Figuren, die sie am Freitag gesehen hat, nur sind es diesmal viel mehr. Marianne hatte erzählt, dass in Leipzig ein Treffen von denen war, und einen Begriff genannt, den sie wieder vergessen hat.
In Naumburg werden ein paar Sitzplätze frei. Anita ergattert einen am Fenster und drückt sich in die Ecke. Ihre Handtasche presst sie mit beiden Händen auf den Schoß und starrt durch die Scheibe. Immerhin besser, als zwischen den absonderlichen Typen zu stehen, die sich im ganzen Zug verteilt haben. Neben ihr pflanzt sich ein Etwas mit grünen Haaren hin und fängt augenblicklich an zu schnarchen. Die beiden Plätze gegenüber nehmen zwei in Beschlag, augenscheinlich ein Pärchen, denn sie knutschen unaufhörlich, was Anita nur beim Hinsehen peinlich ist. Zum Glück sitzt nicht dieser Hüne neben ihr, der da im Gang steht. Ein furchteinflößender Typ! Der muss an die zwei Meter haben und bestimmt drei Zentner. Dazu einen Gesichtsausdruck zum Fürchten. An den schwarzen Klamotten baumeln silberne Ketten, um den Hals trägt er eine Art Stachelhalsband. Die Haare sind teilweise abrasiert, die verbliebenen toupiert und geformt wie ein Hahnenkamm. Und besonders gruselig: Auf seiner Hand prangt ein tätowiertes Spinnennetz! Der war also im Knast. Ist doch klar, die Tätowierten sind alle Knastbrüder! Allein beim Gedanken, mit diesem Kerl irgendwie zu tun zu haben, überkommt Anita ein Schauer.
Das seien „Gruftis oder Satanisten“ hat Marianne gesagt. Und erzählt, dass die in Särgen schliefen, auf Erdhügeln, die sie in

ihren Zimmern aufgehäuft hätten. Nachts würden die sich auf Friedhöfen herumtreiben, schwarze Messen zelebrieren und lebende Tiere essen. Und manche, so hatte Marianne gesagt, hielten sich sogar Ratten. Igitt!

Anders als auf der Hinfahrt, als die schwarzen Typen weitgehend ihre Klappen hielten, geht es diesmal nervig laut zu. Und dazu diese abscheuliche Musik aus dem Kassettenrekorder da drüben. Es scheint, als würden die sich alle kennen. Nur der gruselige Hüne glotzt eisern geradeaus. Wer weiß, vielleicht frisst der nicht nur Ratten, sondern auch Kinder.

Entschlossen holt Anita den Walkman mit der Reinhard-Mey-Kassette aus der Handtasche und setzt die Kopfhörer auf. Nein, sie will nicht hören, über welch schauriges Zeug die reden. Dieses Ding hatten ihr die Kinder zum 50. Geburtstag geschenkt und sie hatte sich höflich dafür bedankt, denn eigentlich hält sie nichts von all dem neumodischen Kram. Diesmal ist sie froh, dass sie das Gerät dabeihat.

Sie blickt stur aus dem Fenster. Die Typen sollen bloß nicht denken, dass sie sie anstarrt! Bald müssten die Saaleburgen auftauchen, die Rudelsburg, Saaleck und eine Weile hin die Dornburger Schlösser. Wie hatte sie sich auf den idyllischen Anblick während ihrer Zugfahrt gefreut. Die Landschaft, die Burgen, das Lied von der Saale hellem Strande – die können ihr im Moment gestohlen bleiben. Sie will nur noch heim. Raus aus diesem Zug und weg von diesen Verrücktgewordenen mit ihrer komischen Maskerade, ihren Ratten und ihren Erdhaufen.

In ihrer Jugend wäre so was unvorstellbar gewesen. Nicht mal zum Fasching wären sie so rumgelaufen. Gewiss, die Städter trugen gewagtere Klamotten als die Landeier. Aber so was hätten selbst die nicht gemacht. Anita ist genervt von den neuen Moden, die in letzter Zeit um sich greifen. Sie fühlt sich wohl in ihrem kleinen Dorf. Mit großen Städten und Menschenmassen hatte sie nie was am Hut. Soll Marianne ruhig sagen, sie sei hausbacken. Das Thema hat sich sowieso erledigt. Mit den neuerlichen Verrücktheiten will Anita jedenfalls nichts zu tun haben. Sie kramt in ihrer Handtasche nach der halbleeren Schachtel „Cabinet". In der Streichholzschachtel sind nur zwei abgebrannte Hölzchen und das Feuerzeug ist nirgendwo zu finden. Das liegt wahrscheinlich noch auf der Bahnhofsbank in Weißenfels. Das hat ihr gerade noch gefehlt! Die meisten um sie herum rauchen derweil genüsslich, doch eine von diesen schägen Gestalten um Feuer zu bitten, kommt gar nicht infrage. Genervt packt sie Zigaretten und Streichholzschachtel wieder ein.

Reinhard Mey singt vom Mörder, der nicht der Gärtner, sondern der Butler war. Dabei streift ihr Blick den Tätowierten. Ob der vielleicht ein Mörder ist? Dem ist alles zuzutrauen!

Porstendorf, Jena-Zwätzen, Jena Paradies ... Der nächste Halt, Göschwitz, wird sie von diesem Alptraum erlösen. Dann muss sie umsteigen in den Zug nach Weimar, dort in den Bus und in einer Stunde ist sie daheim. Dann ist dieses Horror-Pfingsten endlich vorbei.

Die Deutsche Reichsbahn ist erstaunlich pünktlich. In acht Minuten geht Anitas Anschlusszug. Ein paar dieser Schwarzen steigen ebenfalls aus, einige verlassen den Bahnsteig, andere scheinen auf den gleichen Zug zu warten wie sie. Keinesfalls wird sie sich noch mal mit denen ins Abteil setzen. Sogar der Knastbruder steht rum. Den muss sie im Auge behalten, damit der ihr nicht zu nahe kommt.

Es kratzt im Bahnhofslautsprecher und eine Stimme kündigt an, dass der Zug in Richtung Erfurt 30 Minuten Verspätung hat. Anita beschließt, sich auf die Bank zu setzen. Zwei weibliche Grufti-Exemplare kommen auf die gleiche Idee. Wie es scheint,

sind die beiden von der moderateren Sorte. Sie kichern herum wie alle jungen Mädels. Kaum zu glauben, dass die in Särgen schlafen und lebende Tiere verspeisen.
„Hast du die mit den Netzstrumpfhosen an den Armen gesehen?“, sagt die eine und schmiert sich mit dem Handrücken die verbliebene Schminke durchs Gesicht.
„Nee, was für Netzstumpfhosen?“, fragt die andere.
„Das sah richtig geil aus. Ich hab die gefragt, woher sie das Oberteil hat. Das ware ’ne Netzstrumpfhose aus’m Strumpfladen. Füße und Zwickel rausgeschnitten, übern Kopf gezogen und fertig!“
„Echt? Ist ja geil! Aber solche Netz-Dinger kosten einen Haufen Geld. Ich weiß nicht, ob ich die einfach so zerschneiden würde. Aber da war ein Typ mit so einem langen Samtmantel. Echt zum Verlieben!“
„Der mit den gelben Augen?“
„Ja, der hatte farbige Kontaktlinsen. Sowas soll’s geben. Einfach irre!“
„Naja, sah schon geil aus. Aber, ehrlich gesagt, als ich den gesehen habe, musste ich an Pittiplatsch denken. Der hatte auch so komische Augen.“
„Nee, mit den komischen Augen, das war der Onkel Uhu.“
„Da gab’s noch so einen Bären, so einen superschlauen. Den konnte ich nicht leiden.“
„Du meinst wohl den Mischka? Den konnte keiner leiden.“
Die beiden Mädchen schnattern in einer Tour und Anita glaubt, ihren Ohren nicht zu trauen. Mit allem hätte sie bei diesen Leuten gerechnet. Nicht aber damit, dass die sich übers Kinderfernsehen unterhalten und kichern wie die Gänse.
Erneut kramt sie in ihrer Handtasche. Irgendwo muss doch das verdammte Feuerzeug sein! Sie legt den Walkman auf ihren

Schoß, die Zigarettenschachtel, das Portemonnaie und durchwühlt die Tasche. Dabei schielt sie aus dem Augenwinkel auf den grusligen Hünen. Der hat sich ihrer Bank genähert und steht zwei Meter entfernt von ihr. Irgendwas hat der vor!
Inzwischen rätseln die beiden Mädchen: „Da gab es doch so eine Igelin und die hatte einen Kleinen. Wie hieß der doch gleich?"
„Stimmt, der war immer bisschen dümmlich."
„Genau. Verdammt, wie hieß der nur?"
Anita ist nahe daran, es ihnen zu sagen, doch plötzlich fährt ihr der Schreck in die Glieder. Der Knastbruder dreht sich um, kommt zwei Schritte auf die Bank zu und baut sich vor den beiden auf. Von ihr selber ist er kaum eine Armlänge entfernt. Anita sitzt da wie gelähmt. Gleich wird was Furchtbares passieren, so wie der Kerl glotzt.
Er greift in seine Jackentasche, zieht etwas silbern Blinkendes heraus, hält es Anita entgegen und räuspert sich. Wie gelähmt starrt Anita auf seine spinnenbenetzte Pranke, in der er ein Feuerzeug hält, während er, an die Mädchen gerichtet, im breitesten Dialekt sagt: „Na das war doch dor Borstel."

Weitere Bücher aus der Region

Weihnachtsgeschichten aus Thüringen
Jedes Jahr zur selben Stunde
Sieglinde Mörtel, Marion Gebauer
80 Seiten, zahlr. schw.-w. Fotos
ISBN 978-3-8313-2210-7

Geschichten und Anekdoten aus Thüringen
Bitte hinten anstellen!
Sieglinde Mörtel
80 Seiten, 3. Auflage, zahlr. schw.-w. Fotos
ISBN 978-3-8313-1966-4

Echt clever!
Geniale Erfindungen aus Thüringen
Thomas Bienert
120 Seiten, zahlr. Farb- und schw.-w. Fotos
ISBN 978-3-8313-2996-0

Jena – Geschichten und Anekdoten
Kuba-Orangen und Goldbroiler
Sieglinde Mörtel, Stephan Laudien
80 Seiten, zahlr. schw.-w. Fotos
ISBN 978-3-8313-2207-7

Wartberg-Verlag GmbH
Im Wiesental 1 34281 Gudensberg
www.wartberg-verlag.de

Bücher für Deutschlands Städte und Regionen
Tel. 0 56 03 - 93 05 0
Fax. 0 56 03 - 93 05 28